De mannen in mijn leven

Beverly Donofrio

De mannen in mijn leven

Uitgeverij Luitingh ~ Sijthoff

Voor meer informatie: kijk op **www.boekenwereld.com**

Met dank voor de toestemming voor het afdrukken van fragmenten uit:

'Do You Know the Way to San Jose'
Hal David, Burt Bacharach

'All I Want'
Joni Mitchell

'Love Child'
R. Dean Taylor, Frank Wilson, Pamela Sawyer, Dennis Lussler

Tweede druk

Oorspronkelijke titel: *Riding in cars with boys*
Vertaling: Rosemarie de Bliek
Omslagontwerp: Pierre du Bieux
Omslagfotografie: Columbia Pictures Industries, Inc.

CIP/ISBN 90 245 4242 1
NUGI 301

Voor mijn moeder, mijn vader en mijn zoon

Dit boek had niet tot stand kunnen komen zonder de hulp, aanmoediging en genegenheid van mijn docenten Richard Price en Tony Connor; dr. Joseph Finkle; mijn agent Gail Hochman; mijn redacteuren Jim Landis en Jane Meara; en mijn goede vrienden Robin Tewes, Terry Reed, Sheryl Lukomski, Kirsten Dehner, Trudy Dittmar, Janet Donofrio Rieth, Peter Alson, Alex Kotlowitz en Thomas deMaar.

Proloog

IK BRENG MIJN ZOON naar de universiteit. Het is donker en het stortregent. Ik had me altijd voorgesteld dat de zon zou schijnen, zoals na een storm, wanneer er schitterende schapenwolkjes met grote snelheid door een staalblauwe lucht schieten. Ik zou uit het raam hangen, enthousiast zwaaiend en halleluja roepend, terwijl mijn zoon uit het zicht verdween. Ik dacht dat ik me zou voelen als de hongerende Franse volksmenigten tijdens de bestorming van de Bastille. Maar in plaats van dat ik me vrij en uitgelaten voel, stort ik in.

Een paar dagen geleden zag ik een jongen in de bus naar het centrum. Met een GI-Joe tussen zijn tanden geklemd zocht hij in zijn rugzak en haalde een paar tekeningen te voorschijn om aan zijn moeder te laten zien. Hij keek naar haar gezicht terwijl ze de tekeningen op haar schoot legde, ze gladstreek en glimlachte. Dat tafereel bracht me aan het snotteren. Ik weet dat iedereen huilt als zijn kind de deur uit gaat, alleen was het niet de bedoeling dat het mij zou overkomen. Het was niet de bedoeling dat ik in de stromende regen zou rijden en telkens opnieuw 'o, god' zou mompelen, terwijl ik met man en macht mijn tranen probeerde te bedwingen.

Om te beginnen had ik helemaal geen kind horen te hebben.

Ik probeer een vrachtwagen met ingeblikt vlees te passeren. Een windstoot duwt me naar de rand van de rijstrook en sproeit water over onze kleine Honda, waardoor de voorruit onder het water komt en ik even niets kan zien. Jason grijpt de beugel aan het dashboard en knijpt zijn ogen dicht – niet hysterisch, maar berustend. Hij vindt me een rampzalige chauffeur, wat stamt uit de tijd toen hij zeven, acht en negen was en ik over hobbels in de weg scheurde om hem te laten gillen of zomaar vol op de remmen ging staan omdat ik het zo leuk vond hem de schrik op het lijf te jagen. Toen hij vier was, smeerde ik mijn gezicht vol zeep, vertrok het in een angstaanjagende grimas en rende hem krijsend achterna door het huis. De laatste tijd denk ik aan wat ik allemaal deed en voel ik me een maniakale moeder. De laatste tijd kijk ik terug op mijn leven alsof ik er iets van moet leren.

Ik kijk naar mijn zoon, die de knoppen van de radio indrukt. Hoe is het mogelijk dat ik zo'n kind heb opgevoed? Hij is groot, knap en kalm. Vooral kalm. Dat is de eerste indruk als je hem ziet. Dan denk je: dat is een jongen met zelfvertrouwen. Zoals Jimmy Stewart of Gary Cooper, misschien. Ze zeggen dat ik geboft heb, maar ik dacht er altijd anders over.

Ik hoor Frank Sinatra 'My Way' zingen. Ik zeg tegen Jason dat hij niet meer aan de knoppen moet zitten en denk: dat is het. Ik was geen slecht mens. Ik deed alleen net als Frank Sinatra. Dan komt er een beeld van Sid Vicious in me op, die hetzelfde nummer zingt, en opnieuw voel ik me vreselijk.

Deel een

Hoofdstuk 1

DE ELLENDE BEGON in 1963. Ik wijt het niet aan de moord op president Kennedy of het begin van de jaren zestig, de oorlog in Vietnam, de Beatles, de feesten waar gevrijd werd bij het leven in de atoomschuilkelders in mijn geboortestad Wallingford, Connecticut, of aan in de rij staan met de hele Dag Hammarskjold-middelbare school en gillen als er een vliegtuig overvloog omdat we dachten dat het de Russen waren. Dat waren weliswaar geen makkelijke tijden, maar het is te voor de hand liggend om de problemen waardoor ik de weg van de meeste weerstand zou kiezen te wijten aan de tijdgeest.

De ellende waar ik het over heb, was mijn eerste ware ellende, de eeuwenoude ellende. Ellende zoals 'is-ze-in-de-nesten-geraakt?'-ellende. Zwanger, namelijk. Zoals het meisje dat op de middelbare school zwanger werd. Uiteindelijk zou die straf voor losbandig gedrag, die wraak van God (om het even in de katholieke sfeer te trekken, omdat ik het geluk of ongeluk had – afhankelijk van hoe je het beschouwt – daarin op te groeien), zou dat kind van mij, om precies te zijn, een zegen blijken in plaats van een vloek. Maar toen had ik daar geen notie van, en bovendien loop ik op de zaken vooruit.

In de herfst van 1963, in de tweede klas van de middelbare school, was ik er klaar voor. Ik stond te popelen. Mijn haar was zo getoupeerd dat het wijduit en bol om mijn hoofd zat; mijn halve-literbus Miss Clairol-haarlak zat in mijn schoudertas. Dominic Mezzi floot elke keer tussen zijn tanden als ik in de gang langs hem liep, en de meisjes uit de achterbuurt – die de initialen van jongens op hun onderarmen hadden gekrast en met zwarte inkt hadden ingekleurd – glimlachten en groetten me als ze me zagen. Ik droeg een voorgevormde beha die mijn borsten bijna tot mijn kin omhoog duwde, en mijn vader sprak alleen via mijn moeder tegen me. 'Mam,' zei ik, 'mag ik vrijdag in de Y gaan dansen?'

'Van mij mag je, maar je weet hoe je vader is.'

Ja, ik wist hoe mijn vader was. Meneer Veto, de Italiaanse smeris, die nooit met me sprak en steeds als ik jarig was vroeg: 'En, hoe oud ben je nu? In welke klas zit je dit jaar?' Het was als grap bedoeld, maar hoe moest ik weten of hij dat heus wel wist of echt niet? Ik bedoel, de man keek niet langer naar me vanaf het moment dat ik borsten begon te krijgen, en dat was in de vijfde klas.

In de eerste klas van de middelbare school kreeg ik het vermoeden dat hij me bespioneerde toen ik Danny Dempsey in het Wilkinson's Theater tegenkwam. Danny Dempsey had er halverwege de middelbare school de brui aan gegeven en was een slechterik en notoire vechtersbaas. Ik zat toen de lichten uit gingen achter in de bioscoop te wachten op mijn beste vriendin, Donna Wilhousky, die snoepgoed was gaan halen, toen die Danny Dempsey ineens naast me schoof en zijn schouder tegen de mijne schurkte. Vervolgens stak hij zijn hand in zijn zak en haalde een mes te voorschijn, dat hij in de palm van zijn hand legde, een beetje schuin, zodat het glinsterde in het licht van het filmdoek. Ik leunde achterover tegen de muur, zo ver mogelijk van het mes vandaan, en kreeg kippenvel. Toen kwam Donna terug met een pak Banana Splits en Mint Juleps, en Danny Dempsey ging ervandoor. Wekenlang bad ik telkens als de telefoon ging dat het Danny Dempsey was. In die periode begon mijn vader achterdochtig te doen telkens als ik de deur uit ging. Waarschijnlijk rook hij de ontwakende seksualiteit die van me afstraalde en wilde hij zich laten gelden, net als een hond. Of misschien had zijn maat, Skip Plotkin, de man die het Wilkinson's Theater bewaakte, hem iets over mij ingefluisterd.

Wat niet zo'n slecht idee was, eigenlijk, omdat ik een echte jongensgek was. Het begon waarschijnlijk met Pat Boone toen ik vier was. Ik zag hem in de film waarin hij vinger knippend en tapdansend met zijn witte schoenen 'Bernadine' zong. Ik was verliefd. Vanaf die dag, telkens wanneer 'Bernadine' op de radio kwam, begon ik te zwijmelen, draaide in het rond en zonk vervolgens net echt in een flauwte op de grond. Mijn moeder vond dat volgens mij heel schattig, want ze kocht het plaatje voor me. Toen rende ik elke dag uit de kleuterschool recht naar de platenspeler voor mijn dagelijkse dosis, wiegde mijn hoofd heen en weer, knipte met mijn vingers net als Pat Boone, en als ik het niet meer kon verdragen, zwijmelde ik, draaide in het rond en viel net echt flauw.

Ik ben nooit een van die kleine meisjes geweest die een hekel hadden aan jongens. Nooit. Nou ja, met uitzondering van mijn broer dan. Ik was slechts de oudste van drie meisjes, terwijl hij de Oudste was, en de enige jongen in een Italiaans gezin, en je weet wat dat betekent: een gouden pikkie. Mijn vader zat aan het ene eind van de tafel en mijn broer aan het andere, terwijl mijn moeder met ons meisjes tussen hen in zaten. Je zou kunnen zeggen dat ik een beetje jaloers op hem was. Maar ik had een voordeel – de onbreekbare wet. Mijn broer mocht ons, omdat hij een jongen was, met geen vinger aanraken. Dus als zijn favoriete tv-programma begon, ging ik ervoor staan. En als hij zei: 'Ga weg', zei ik: 'Schuif me maar opzij', wat hij niet kon doen.

Maar andere jongens konden me uren achternazitten in de tuin met pieren tussen hun vingers geklemd, of me bij de bushalte Zwartje noemen als ik na de zomer donkerbruin van de zon was, of me verbieden in hun tent te komen of mee te doen als ze softbal, voetbal of trefbal speelden. Ze konden me wegjagen als ik probeerde ze het bos in te volgen, met hun bogen over hun schouders geslingerd en hun hakmessen tussen hun riem geklemd. En toch bleef ik ze aardig vinden, wat niet wil zeggen dat ik geen wraak nam. De zomer dat ze met z'n allen besloten dat meisjes, dat wil zeggen Donna en ik, niet meer 's avonds op het veld achter onze huizen mee mochten doen met softbal, plakten Donna en ik briefjes op telefoonpalen met de tijd waarop ze moesten worden ingeënt om bij een team te mogen horen. Op de aangewezen dag stonden ze in de rij voor de deur van Donna's kelder. Klein, groot, mager en dik wachtten ze op hun beurt en ze gaven geen kik toen we ze een prik gaven met een injectiespuit die we hadden gemaakt van een pen met een speld.

In de zomer van 1963 was ik zo gek op jongens dat ik bereid was de hele zomer op te offeren om een glimp op te vangen van Denny Winters, de grote liefde van Donna en mij. Elke dag liepen Donna en ik drie kilometer naar zijn huis en gingen dan onder een grote eikenboom aan de overkant zitten, met onze transistorradio tussen ons in, wachtend op beweging, een levensteken, een rolluik dat omhoog- of omlaagging, een gordijn dat opzij werd geschoven, een deur die openging, een hond die blafte. Wat dan ook. Denny's zus, die ouder was en een rijbewijs had, reed soms weg en kwam soms terug. Dat was alles. Terwijl we een zomer lang de wacht hielden zagen we Denny Winter niet één keer weggaan of thuiskomen. Misschien had hij de ziekte van Pfeiffer; misschien was hij op zomerkamp. We zagen hem nooit het gras maaien of een bal tegen het huis gooien.

We zagen wel heel veel pubers onderuitgezakt in auto's langzaam voorbijrijden. Nu en dan kwam er een auto vol jongens langs, die floten, sigarettenpeuken in de goot aan onze voeten mikten en riepen: 'Hallo, meisjes.' Als ze dat deden, staken Donna en ik onze kin vooruit en keken we de andere kant op. 'Verwaande nesten,' riepen ze dan.

Maar wij wisten naar welke auto's we moesten uitkijken: de blauw-met-witte Chevy waar die blonde jongen in reed, de donkergroene Pontiac met de donkere jongen, de witte Rambler, de kobaltblauwe Camaro, de gele Falcon. Ik besloot dat ik, als ik eindelijk met een jongen mee zou rijden, niet vlak naast hem zou gaan zitten, alsof ik aan hem vast was gelijmd. Ik zou een eindje van hem vandaan zitten, net rechts van de radio, misschien.

Mijn vader had echter andere ideeën. Mijn vader verbood me met jongens mee te rijden tot ik zestien was. Dat was het begin.

'Ik haat hem,' klaagde ik tegen mijn moeder als mijn vader weg was.

'Ja, maar hij wil juist alles doen om je te beschermen,' zei ze.

'Wat? Me gevangenhouden?'

'Je weet toch hoe je vader is? Hij is achterdochtig. Hij is bang dat je in moeilijkheden raakt.'

'Wat voor moeilijkheden?'

'Dat je een slechte naam krijgt. Je bent nog te jong. Jongens denken dat ze misbruik van je kunnen maken. Vergeet niet wat ik je heb gezegd. Als een jongen brutaal wordt, sla je je benen over elkaar.'

Het was te gênant. Ik begon over iets anders. 'Ik haat hem,' herhaalde ik.

Toen ik eenmaal veertien was, het jaar daarop, scheurde ik door Wallingford in overvolle auto's met jongens die op twee wielen de bocht namen, over hobbels knalden en het op een slippen zetten om mij gilletjes te ontlokken. Als ik een politiewagen zag, ging ik plat op de stoel liggen, uit het zicht.

Toen ik nog op de Dag-Hammarskjoldschool zat, werd ik betast op de achterbank van een auto, niet omdat ik dat echt wilde, maar omdat ik pas veertien was en dacht dat als iedereen het over vrijen had, dat betekende dat ze betast werden. Dat was de schuld van twee meisjes uit de achterbuurt, Penny Calhoun en Donna DiBase, die het altijd over menstrueren hadden waar jongens bij waren, en zeiden dat hun *vriendin* een week op bezoek was en dat hun *vriendin* een en al *bloederige smeerboel* was. Ze vertelden me dat vrijen uit drie stappen bestond: kussen, betast worden en Het Doen. Niet lang daarna was ik op de bazaar van de kerk van de Verrijzenis en kwam er een ontzettend leuke jongen met Beatles-haar naar me toe die zei: 'Ik heb keelpijn. Wil je met me meerijden om een hoestdrankje te halen?' Ik aarzelde. Ik wist niet eens hoe hij heette, maar toen zeiden de twee meisjes met wie ik was en die allebei al twee jaar op de middelbare school zaten: 'Ga dan! Ben je gek? Dat is Skylar Barrister, onze klassenoudste.' Uiteindelijk stonden we met twee andere paartjes geparkeerd bij de vuilnisbelt. Mijn gezicht zat onder het speeksel (stap een) toen 'A Hard Day's Night' op de radio kwam en Sky een hand op een van mijn borsten legde (stap twee). Iemand moet een andere zender hebben opgezet, want 'A Hard Day's Night' begon opnieuw toen zijn hand over de binnenkant van mijn dij gleed. Ik sloeg mijn benen over elkaar, zoals mijn moeder had gezegd, maar hij haalde ze van elkaar. Gelukkig voor mij was er nog een paartje op de achterbank, en Sky Barrister was te nerveus of had genoeg manieren om mij niet te ontmaagden in hun bijzijn, omdat ik dan echt als slet zou worden beschouwd. Mijn reputatie ging echter toch aan diggelen, omdat die leuke Sky rondbazuinde dat Beverly Donofrio een makkie was, eerst tegen zijn vrienden in de sociëteit en toen door de hele stad. Hordes jongens belden me daarna op. Mijn vader was in alle staten. Ik kreeg huisarrest. Ik mocht niet langer dan een minuut telefoneren. Mijn moeder probeerde te bemiddelen. 'Sonny,' zei ze, 'je moet haar vertrouwen.'

'Ik weet hoe het gaat met die kinderen. Ik kom het elke dag tegen, en jij wilt mij vertellen hoe het zit?'

'Wat kan het voor kwaad dat ze belt?' vroeg mijn moeder.

'Je hebt me verstaan. Ik wil er niets meer over horen. Je hangt binnen een minuut op, juffie, of ik doe het voor je. Begrepen?'

Ik had hem heel goed begrepen, en ik vond het best – voor een tijdje, althans, omdat mijn liefde voor jongens bekoeld was. Het tweede jaar op de middelbare school kreeg ik Engels in het lokaal tegenover dat van Sky Barrister, en elke keer als ik voorbijliep was er tumult – een opmerking, gelach – in het groepje jongens waar hij tussen stond. Mijn broer was aanvoerder van het footballteam en ik wenste dat hij het type was dat Sky Barrister tegen een kluis zou pinnen, en hem een paar tanden uit de mond zou slaan, maar nee, zo was mijn broertje niet. Mijn broer was iemand die een medaille voor goed gedrag kreeg omdat hij nooit een schooldag miste.

Intussen begon zijn zus beslist tekenen van slecht gedrag te vertonen. Mijn vriendinnen en ik waren trots op onze brutale mond en streken, zoals in de kantine tegenover de jongenstafel zitten en dan naar hun kruis staren. Als ze elkaar dan aanstootten en stompzinnig naar ons loerden, staken we onze middelvinger op en sloegen onze knieën tegen elkaar. Of we verzamelden gemberkoek van de lunchbladen en vormden er drollen van, die we in de wasbakken lieten drijven.

We hadden er namelijk schoon genoeg van dat alleen jongens lol hadden; daarom gingen we ons net als zij gedragen: we werden voor een schoolfeest dronken op de parkeerplaats en reden onderuitgezakt met onze ellebogen uit het raam, bierblikjes en peuken wegmikkend, en lieten nu en dan onze broek zakken om met onze billen naar passerende auto's te zwaaien.

Maar hoewel we het heel druk hadden met de wereld te laten zien dat meiden lol konden hebben als ze eens ophielden met aardig te doen, hadden we er uiteindelijk moeite mee dat de jongens die we leuk vonden – studentikoos, populair, uit de bovenbouw – ons volkomen links lieten liggen.

Op een keer vroeg ik een jongen in de Key Club waarom geen van de jongens me mocht. 'Ben ik lelijk of stom, of iets dergelijks?'

'Nee.' Hij krabde aan zijn kin. 'Het komt waarschijnlijk door wat je zegt.'

'Wat dan?'

'Dat weet ik niet.'

'Denk je dat het is omdat ik niet met iedereen in bed duik?'

'Zie je nou? Zoiets moet je niet tegen jongens zeggen.'

'Waarom niet?'

'Het hoort niet.'

'Maar waarom dan niet?'

'Dat weet ik niet.'

'Kom nou, is het omdat het onbeleefd is, of omdat het om seks gaat, of omdat jullie het gênant vinden? Zeg het me.'

'Je stelt te veel vragen. Je analyseert te veel, dat is het probleem.'

Dat ik te veel analyseerde wil niet zeggen dat ik het goed deed op school. Goede cijfers, huiswerk af – al die pogingen hielden abrupt op in de tweede klas, toen mijn wereld instortte omdat mijn moeder me duidelijk maakte dat ik niet mocht studeren. Het was een donderdagavond. Ik waste af, mijn vader zat aan tafel de genummerde vakjes van een doe-het-zelfschilderstuk te voorzien van de juiste kleuren, en we neurieden samen 'Theme from Exodus'. Mijn moeder maakte het fornuis schoon voor ze naar haar werk in Bradlees ging, en om de een of andere reden was ze in een rothumeur. Misschien omdat ze ongesteld was, of misschien omdat mijn vader en ik altijd neurieden als ik afwaste en ze jaloers was. Geen van beiden gaven we toe dat we eigenlijk tweestemmig aan het zingen waren. Het was meer alsof we per ongeluk hetzelfde liedje neurieden. Onze lievelingsnummers waren ''Bye 'Bye Blackbird', 'Sentimental Journey', 'Tonight' en 'Exodus'. Na 'Exodus' zei ik: 'Zeg, mam, ik zou eigenlijk wel naar de universiteit van Connecticut willen. De toelatingseisen zijn strenger, maar het is een betere universiteit.'

'En wie moet dat betalen?'

Het is vreemd dat ik nooit aan de kosten dacht, vooral omdat mijn ouders op de rand van armoede leefden en geldgebrek mijn moeders favoriete onderwerp was. Ik ging er in mijn naïviteit van uit dat iedereen die slim genoeg was kon gaan studeren.

'Ik weet het niet. Zijn er geen studieleningen of zoiets?'

'Je vader en ik hebben al genoeg rekeningen. Je kunt die dromen maar beter uit je hoofd zetten. Leer typen. Zorg dat je een *goede* baan krijgt na je eindexamen.'

'Ik wil geen secretaresse worden.'

Ze lichtte een gaspit op om eronder schoon te maken. 'We zullen zien,' zei ze.

'Ik ga naar New York.'

'Droom maar verder.' Ze zette de pit weer terug.

Dus klemde ik mijn tanden op elkaar en bedacht dat ik van school af zou gaan, regelrecht naar Broadway, maar het zat me flink dwars. Omdat ik niet alleen simpelweg een groot actrice was, maar nog slim was ook. Dat wist ik al vanaf het moment dat ik vaststelde dat mijn familie uit imbecielen bestond die alleen maar naar slechte tv-programma's keken. Ik verbande mezelf elke avond naar de hobbyruimte in de kelder om ze te ontlopen. Daar waren harige spinnen, en ik ontdekte dat als ik er een leerboek op liet vallen ze veranderden in kleine balletjes, morsdood. Toen sloeg ik na een avond spinnen uitroeien een boek open en ontdekte William Shakespeare – zijn monoloog over de verdienste van genade, om precies te zijn. Spoedig had ik alles van hem gelezen, en vervolgens van Whitman, Tennyson en Shelley. Ik leerde Hamlets monoloog uit mijn hoofd en declameerde die voor de spiegel achter de bar. Dat ik dat al deed toen ik nog in de brugklas zat, gaf me het gevoel een genie te zijn. En dat ik dan van mijn moeder, die haar hele leven nooit een boek had gelezen, moest horen dat ik niet naar de universiteit kon, was erger dan razend makend, het was onrechtvaardig. Iemand zou moeten boeten.

Dat weekend vermaakten mijn vriendinnen en ik ons met eieren gooien naar passerende auto's. We reden over het terrein van Choate, de chique *prep school* in het centrum van de stad, toen ik een idee kreeg. 'Stop,' zei ik. 'Mag ik je iets vragen,' zei ik tegen een klein Choate-gangertje in een blazer dat Christian Street overstak. 'Weet jij waar Christian Street is?'

'Ik weet het niet zeker,' zei hij, 'maar ik geloof dat het die straat is.' Hij wees naar de overkant.

'Je staat erin, sukkel!' riep ik, een ei mikkend op de badge op zijn blazer. Ik ving een glimp op van zijn gezicht toen hij naar het eierstruif keek dat over zijn borst droop, en ik zal me zijn blik van ongeloof en vervolgens zijn bedrukte gezicht tot mijn dood herinneren. We gingen ervandoor terwijl mijn vriendinnen me brullend en gierend op de rug sloegen.

Ik dacht dat ik een rechercheursauto om de bocht zag komen die ons volgde, maar dat verbeeldde ik me maar. Nu mijn vader van agent tot rechercheur was bevorderd, was het erger. Geloof me, het was geen lolletje om de beest uit te hangen terwijl mijn vader rondreed in een ongemarkeerde auto. Op een keer verkleedde ik me als zwangere vrouw, spoot met een spuitbus grijze lokken in mijn haar en kocht een kwart liter jenever, waarna ik met een stoet auto's naar het vreugdevuur ging dat werd gehouden voor de grote rugbywedstrijd ter ere van Thanksgiving. We reden met de ramen open, hoewel het ijskoud was, en zongen 'Eleanor Rigby', toen we op de auto voor ons knalden, en de auto achter ons op ons – een kettingbotsing. We stapten allemaal uit; er was geen blikschade, behalve een deukje in de voorste auto van Ronald Kovac. Hij wuifde ons weg en we gingen naar het vreugdevuur.

Thuis ging ik meteen naar de badkamer om mijn tanden te poetsen, toen de telefoon ging. Even later riep mijn moeder: 'Bev, je vader is op het bureau. Hij wil je zien.'

Mijn hart sloeg een slag over. 'Waarom?'

'Je weet hoe hij is. Hij vertelt me nooit iets.'

Ik keek naar mezelf in de spiegel en zei: 'Je bent niet dronken. Je hebt niet gedronken. Je hebt niets verkeerds gedaan, en als die man je ergens van beschuldigt, heb je alle reden om woedend te worden.' Dat was de liegmethode Stanislavsky en die werkte fantastisch. Ik beschouwde al mijn gelieg als onschatbare praktijkervaring voor het theater. Talloze keren hield ik mijn gezicht niet alleen in de plooi, maar keek ik haar zelfs met een oprechte blik aan als mijn moeder me met mijn ene hand op de bijbel en de andere op mijn hart liet zweren dat ik iets niet had gedaan, waarvan iedereen wist dat alleen ik het gedaan kon hebben.

Mijn vader zette me in een kleine groene kamer, waar hij achter zijn bureau ging zitten. 'Je hebt gedronken,' zei hij.

'Nietwaar,' zei ik.

'Zegt de naam Ronald Kovacs je iets?'

'Ja. We zijn met drie auto's op elkaar gebotst. Hij ging midden in de stoet op zijn remmen staan en we klapten boven op hem.'

'Degene die een auto van achter raakt, is altijd fout, wat de voorste auto ook doet. Dat is de wet. Misschien lette je vriend niet op. Misschien waren jullie allemaal dronken.'

'Jij denkt altijd het ergste. Iemand botste ook op ons, hoor.'

'Wie reed er in de auto waarin jij zat?'

'Ik ben geen rat, zoals die zak Kovacs.'

'Ja, ja. Bijt maar van je af. Zie maar wat je daarmee bereikt. Ik weet al wie er reed. Je kunt me maar beter de waarheid vertellen, anders wordt je vriendin, de bestuurster, misschien wel in de kraag gevat. Was het Beatrice?'

'Ja.'

'Zij had niet gedronken, maar jij wel?'

'Néé! Is het helemaal niet bij je opgekomen dat Ronald Kovacs misschien wel gedronken had? Zou het niet eens kunnen zijn dat hij de boel belazert?'

'Pas op je woorden.'

Ik trok mijn beste gekwetste gezicht en deed alsof ik mijn tranen inslikte. Dat was makkelijk, want ik kneep 'm behoorlijk. In de gang aan de andere kant van de deur wemelde het van de politie. Ik was op mezelf aangewezen. Als ze met bewijs kwamen dat ik had gedronken, zou mijn vader zich werkelijk voor schut voelen staan. Misschien zou hij me slaan als we thuis waren, en ik zou zeker huisarrest krijgen, waarschijnlijk voor de rest van mijn leven.

'Ze installeren een leugendetector in de andere kamer. We hebben hem uit Hartford voor een zaak waar we mee bezig zijn,' zei hij. 'Durf je aan de leugendetector te zweren dat je de waarheid spreekt?'

Er druppelde een straaltje zweet uit mijn oksel. 'Goed. En

zet Ronald Kovacs er ook maar aan. Dan zul je zien wie de leugenaar is.'

Er bleek geen leugendetector te zijn; het was bluf en ik had de gok gewonnen.

Toen ik thuiskwam, zeurde ik erover door bij mijn moeder. 'Hij vertrouwt me nooit. Hij gelooft altijd het ergste. Ik kan er niet tegen. Hoe heb je met hem kunnen trouwen?'

'Je kent je vader. Hij is van nature achterdochtig.'

'Werkte hij maar in de staalfabriek.'

'Verzin nog 'ns iets leuks. Dan kon ik misschien de doktersrekeningen betalen. Maar zo is je vader niet. Hij wilde bij de politie en iets zinnigs doen. Hij wilde geen prikklok en een baas die over zijn schouder keek.'

Toen ik vier was, voor mijn vader bij de politie ging, was hij pompbediende in de garage om de hoek, en elke dag bracht ik hem sandwiches in een papieren zak. Als hij me zag, glimlachte hij alsof door mij zijn dag niet meer stuk kon, en terwijl hij at zat ik op zijn schoot. Soms viel ik in slaap met mijn hoofd tegen zijn borst, soezerig door de warmte van zijn lichaam en het gedreun van vrachtwagens die voorbijraasden. Soms maakte ik met mijn vinger een omtrek van de roodmet-groene American Beauty-roos op zijn onderarm. Toen vond ik die bloem het allermooiste op de wereld. Nu was hij grijs als krantenpapier, en als ik er een glimp van opving wendde ik mijn blik af.

'Je had hem nooit bij de politie moeten laten gaan,' zei ik. 'Het vergalt mijn leven.'

'Een vrouw hoort haar man niet te vertellen wat hij moet doen of laten,' zei mijn moeder.

'Dat vertelt hij jou anders voortdurend.'

'De man is de baas in een gezin.'

'Ik trouw nooit.'

'Je verandert nog wel van gedachten.'

'Zodat ik net zo word als jij? In geen duizend jaar.'

'Zorg maar dat je vader niet hoort dat je zo tegen me praat.'

Hoofdstuk 2

MISSCHIEN WAS HET de ultieme gerechtigheid vanwege mijn minachting tegenover mijn moeder en haar positie in het leven – als mijn vaders ondergeschikte – waardoor ik zonder middelbare-schooldiploma voor het altaar stond.

Ik ontmoette Sonny Raymond Bouchard op oudejaarsavond toen ik in de vijfde klas zat. Zoals gewoonlijk had ik geen begeleider, evenmin als mijn beste vriendin, Fay Johnston. Haar ouders waren dat weekend weg, daarom logeerde ik bij haar. We dronken gin en Fresca in martiniglazen en deden alsof we rijk en beroemd waren en in New York woonden, toen haar broer Cal binnenkwam met twee van zijn slechte vrienden, Lizard en Raymond. Ik had over een vriend van Cal gehoord die Raymond heette, en dat zijn broer vastzat omdat hij een gewapende overval had gepleegd op Cumberland Farms. Raymonds haar was zwart en achterovergekamd in een vetkuif. Hij droeg een strakke zwarte broek en zwarte puntschoenen.

Cal schoof een krat Colt 45 in de koelkast, ging in de deuropening van de woonkamer staan en zei: 'Gelukkig nieuwjaar!' terwijl hij zijn hakken tegen elkaar sloeg en een blik bier omhooghield in een nazigroet. Toen kwamen ze alle drie de woonkamer in en begonnen over Lizard, die een vent in de Farm Shop een bloedneus had geslagen.

'Waarom sloeg je hem? Wat deed hij dan?' vroeg ik.

'Niets,' zei Lizard.

'Hij beledigde Lizards zus,' zei Raymond, een blikje bier opentrekkend.

'Noemde haar een kutspoelfreak.' Cal grinnikte.

Dat vond ik wel leuk. Slechte jongens hadden hun nadelen – zoals 'hun hebben' zeggen, en een Elvis-kapsel – maar ze waren meestal niet bang om te vechten voor de eer van een meisje.

Ray nam een flinke teug bier en toen hij zijn blik neerzette, viel zijn oog op mij. Toen zette Cal 'Sunny' op. De plaat sloeg over: '*Sunny, thank you for the… Sunny, thank you for the… Sunny, thank you for the…*' Cal zei: 'De eerste die een andere plaat opzet is een watje.'

Dat ging zo een minuut of tien door. Ik hield Ray in de gaten om te zien hoe hij zich hield onder de marteling. Toen zag ik dat hij Lucky Strikes rookte, net als mijn vader. Ik vroeg me af wat hij dacht. Hij zat zo stil in de stoel als het standbeeld van Lincoln, alleen ging zijn hiel af en toe omhoog en weer omlaag. Ik vroeg me af of hij ook een pistool bij zich had, net als zijn broer. Ik dacht dat hij waarschijnlijk auto's kon repareren, omdat slechteriken om die reden 'doorsmeerders' werden genoemd.

Cal gooide zijn schoen naar de platenspeler.

'Ha-ha,' zei Fay. 'Cal is een watje.'

'Hou je kop, klein kuiken.' Hij goot zijn bier naar binnen.

'Val dood, klein pikkie.' Ze gooide een kussen naar hem, waardoor zijn bier over het tapijt vloog.

Fay stond op en liet zich bij Lizard op schoot vallen. Hij werd Lizard genoemd omdat hij insecten at, maakte niet uit welk soort. Zolang het leefde, dat wel. Fay was niet kieskeurig met wie ze flirtte.

'Voel je mijn botten als ik op je schoot zit, Liz?' vroeg Fay.

'Je bent zo licht als een veertje.'

'Vind je me te mager?'

'Nee hoor, je bent precies goed.'

Ik wist dat zij dacht: jij bent zo vet als een varken en oerlelijk, of iets dergelijks. Fay flirtte altijd met jongens die geen enkele kans maakten. Meestal vond ik dat gemeen van haar, maar vanavond vond ik dat ze het weleens bij het rechte eind kon hebben, en toen ik uit de keuken terugkwam met een gin en Fresca vlijde ik me terloops op Raymonds schoot en zei: 'Hallo, ik ben Beverly.'

'Raymond.' Hij knikte en ging verzitten. Ik stelde voor om naar de bank te verkassen.

'Ik heb je nog nooit op school gezien,' zei ik.

'Ik ben eraf gegaan.'

'Waarom?'

'Ik had liever een auto.'

'Kreeg je geen last met je ouders?'

'Nee hoor.' Hij rekte zich uit en sloeg een arm om mijn schouder. Ik dacht aan Danny Dempsey en vroeg me af of Raymond een mes bij zich had. Ik legde mijn hoofd op zijn schouder en vroeg hem uit.

'Werk je?'

'Ja.'

'Wat doe je dan?'

'Ik werk bij Cyanamid. Is die ouwe van jou de smeris?'

'Ja. Ik haat hem. Zit je broer echt vast?'

'Ja.'

'Waarvoor?'

'Gewapende overval.'

'Wat vreselijk. Huilde je moeder niet toen ze het hoorde?'

'Jawel.' Hij schoot steeds met zijn wijsvinger zijn duim naar voren. Ik pakte zijn hand en legde hem op mijn schoot om hem stil te houden.

'En jouw vader?' vroeg ik.

'Die weet van niks. Hij is al een paar jaar pleite.'

'Waar is hij?'

'Bowery.'

'In New York?'

'Hij zuipt.'

Raymond was van school af gegaan, zijn broer was een dief die in de gevangenis zat en zijn vader was een zatlap in Bowery. Raymond had me nodig. Meer dan wat ook ter wereld wilde ik dat Raymond op mijn schouder uithuilde. Ik kuste hem op zijn voorhoofd. Hij draaide zijn gezicht naar me toe en kuste me op mijn mond.

Het zou zijn zoals in *On the Waterfront*. Hij was Marlon Brando en ik Eva Marie Saint. Ik zou Raymond het nodige bijbrengen; hij zou naar me luisteren als ik in mijn kelder monologen van Shakespeare declameerde. Binnen afzienbare tijd zou hij truien met een ronde hals en instappers dragen. Hij lag boven op me. Het was nu waarschijnlijk te laat om me te bedenken. Mijn vriendje was een slechterik.

Toen Raymond en ik omhoogkwamen om lucht te happen, was de kamer leeg. Ik zei tegen Ray dat ik naar de wc moest en ik zat nog niet of Fay viel binnen. 'Wat ben je aan het doen? Vind je Sonny oké?' vroeg ze.

'Ik geloof van wel.'

'Volgens mij niet.'

'Vertel eens over hem.'

'Wat kan ik zeggen? Hij was de halvezool van de buurt. We lieten hem nooit meedoen met basketbal omdat hij zo'n slome was. We noemden hem "de Spin" omdat hij een wrat met haren onder zijn oorlel had. We pestten hem er zo mee dat hij die wrat heeft laten weghalen.'

'Arme Raymond.' Ik trok door.

'Sonny Bouchard is achterlijk, Beverly.' Ze ging op de wc zitten. 'Dat jij iets in hem ziet! Blijf je met hem op de bank slapen?'

'Ik denk van wel.'

'Veel plezier.' Ze trok door en liep weg.

Toen ik terugging naar Raymond, zocht ik naar het litteken van de wrat. Het was een zilverkleurig plekje zo groot als een dubbeltje onder zijn oorlel. Ik kuste het en we gingen liggen. Ik zei tegen hem dat ik Sonny een afschuwelijke naam vond en hem altijd Raymond zou noemen. Even later werd zijn ademhaling regelmatig en ik gleed van de bank, liep op mijn tenen naar buiten en bleef staan bij het afdak. Er was geen maan, maar de hemel was bezaaid met sterren. Mijn adem kwam in witte wolkjes naar buiten en er was geen geluid te horen behalve de I-91 in de verte. Ik liep naar Fays raam en tikte ertegen. Ze stond op en opende het. 'Ben je gek geworden? Het is ijskoud buiten.'

'Wel prettig.' Ik spreidde mijn armen als bewijs.

Even later stond ze naast me met een deken om haar schouders. Ze wikkelde mij erbij. 'Laten we een stuk lopen,' stelde ik voor.

Het gras knakte onder mijn blote voeten. Toen we op de hoofdweg kwamen, suisde er een auto toeterend voorbij. Het werd bijna licht. Ik zag een rood vlaggetje op een brievenbus. Ik duwde het omlaag en toen weer omhoog en gedachteloos boog ik het heen en weer tot het in mijn hand brak. 'Wauw,' zei Fay. Ze stak over en deed hetzelfde. We renden de straat door en braken elke vlag af die we zagen, tot we een rondje hadden gelopen en terug bij haar huis waren. We hadden ongeveer dertig vlaggetjes in een plooi van onze deken verzameld. 'Wat zullen we hiermee doen?' vroeg ik.

'Ik weet het niet.' Fay sloeg haar armen om haar lichaam. 'Volgens mij kunnen we hiervoor opgepakt worden.'

'Opzettelijke vernieling van staatseigendom of iets dergelijks.'

Ik volgde haar naar een stuk braakliggend land. Ze knielde op de grond en sloeg een vlag met een kei de grond in. Ik plantte de volgende. We maakten een kring rode vlaggetjes midden in het veld en stonden daarna lang naar ons werk te kijken.

'Misschien durft niemand ze aan te raken,' zei ze.

'Misschien blijven ze hier voor altijd staan.' Ik rilde.

Bijna op de dag af een jaar later rilde ik weer, deze keer van de zenuwen. Ik was in Fays slaapkamer, en klokslag een uur belde ik op om te horen of ik zwanger was. Ik liet de hoorn op de haak vallen en viel voorover op het bed.

'Wat zeiden ze nou?' vroeg Fay.

'Positief.'

'Positief? Wat betekent positief?'

'Zwanger.'

'Maar positief zou toch ook kunnen betekenen dat je niet zwanger bent?'

'O, ja?'

'Bel terug.'

'Bel jij maar.'

Ik gleed op de vloer en leunde met mijn voorhoofd tegen haar knieën terwijl ze belde. Toen ze had opgehangen zei ze: 'Je bent de pineut.'

Ik vertelde Raymond het nieuws die avond toen we op het terrein van een drive-in stonden, het kleine draagbare kacheltje tussen ons in op de voorbank, een motorrijdersfilm, *The Wild Angels* (Raymonds favoriete film aller tijden), op het scherm.

'Raymond,' zei ik, 'ons leven is verwoest.'

'Hou je niet van me?'

'Jawel. Maar dan nog. Ik bedoel, waarom moest dit gebeuren? Waarom ik? Denk je dat ik een pechvogel ben?'

'Dat heb je waarschijnlijk aan mij te danken. Ik heb je toch gewaarschuwd dat je niet van me moest houden? Ik breng ongeluk.'

Raymond zei altijd zulke dingen. In het begin nam ik hem dan in mijn armen en kuste hem. De eerste keer dat ik zei 'ik hou van je' was hij dronken en huilerig. Het was een reactie op zijn 'je moet niet van me houden'. Nu werd ik alleen maar razend om zijn zelfmedelijden. Misschien omdat ik dacht dat hij gelijk had, want als ik niet verliefd op hem was geweest, zou ik nu niet naar een stompzinnige motorrijdersfilm zitten kijken, zwanger en wel.

Ik zei echter: 'Dat moet je niet zeggen', en begon vervolgens over andere deprimerende zaken. 'Je zult keihard moeten werken,' zei ik. 'Je wilde stoppen. Dat kan nu niet.'

'Misschien zoek ik ander werk.'

Hij leek niet half zo van streek als hij hoorde te zijn. 'We kunnen geen cent uitgeven,' zei ik. 'We moeten alleen maar sparen.'

Hij knikte, en toen het pauze was kocht hij hotdogs, limonade en friet en ik werd woedend omdat hij zijn geld daaraan had uitgegeven. Maar toch at ik mijn hotdog, mijn friet en de helft van zijn friet. Ik was uitgehongerd.

De volgende maand liet ik me, zonder dat Raymond het wist, van de trap rollen, stompte mezelf in mijn buik en liet me elke avond tien keer voor ik naar bed ging van de bank op de grond vallen. Wat dan ook. Alles was beter dan aan mijn ouders te vertellen, vooral aan mijn vader, dat ik met Raymond elke avond in de hobbykamer in de kelder had liggen neuken terwijl hij boven me in zijn luie stoel tv zat te kijken. Hoe kon ik tegenover hem het woord 'seks' in de mond nemen terwijl ik niet in dezelfde ruimte met hem kon zijn tijdens een reclame voor Playtex-beha's?

Het was 1968, en abortus was illegaal. Als ik had geweten dat je het kon laten doen in Porto Rico, had ik mijn onyx ring, mijn opalen ketting en Raymonds kanariegele Bonneville verkocht om daarheen te gaan. Het punt was, ik dacht nooit echt over de baby of mezelf als moeder. Ik maakte me veel te veel zorgen over hoe ik het mijn ouders moest vertellen. En ik was depressief, wanhopig en diep teleurgesteld. Ik had altijd gedacht dat ik voorbestemd was om een ster te worden, maar nu zou ik voor de rest van mijn leven met Raymond getrouwd zijn. Ik zou een huisvrouw zonder geld zijn, met een stationcar en een echtgenoot wiens intellectuele belangstelling kon worden samengevat in zijn favoriete uitdrukking: 'Hoe kan dat nou?'

Het leek me dat God of de wereld of het lot of wat het ook is dat iemands leven bepaalt, zich tegen me had gekeerd. Ik had me weliswaar als eerste van mijn vriendinnen laten ontmaagden, maar binnen een week nadat ik het nieuws had verteld hadden er drie mijn voorbeeld gevolgd. Nu wisselden we tips uit over hoe-krijg-je-een-orgasme, en zíj waren geen van allen zwanger. Fay had zelfs een 33-puntsdiamant gekregen en zou een week na haar eindexamen trouwen met een zesentwintigjarige matroos die gestationeerd was op een kernonderzeeër. Waarom was het mijn levenslot om uitverkoren te worden voor publieke vernedering?

Die maand lag ik elke avond op mijn buik op de bank terwijl ik dacht: bij de volgende reclame, ik vertel het mijn ouders bij de volgende reclame, maar het lukte me niet de woorden over mijn lippen te krijgen. Daarom liet ik ten slotte op een maandagochtend op weg naar school een briefje achter in de brievenbus waarop stond: 'Lieve mam en pap, het spijt me heel erg. Ik weet dat ik jullie heb teleurgesteld. Ik ben zwanger. Liefs, jullie dochter Beverly.'

School was die dag een nachtmerrie. Alsof ik niet al genoeg aan mijn hoofd had, vond de geschiedenisleraar, meneer O'-Rourke, het tijd worden mijn bestaan op te merken en me door de mangel te halen. 'Juffrouw Donofrio,' zei hij.

Ik hoorde hem niet.

'Juffrouw Donofrio, het spijt me bijzonder dat ik u in uw bezigheden moet onderbreken (ik was mijn tas aan het uitmesten). We hadden het over Andrew Jackson, een president voor wie u ongetwijfeld, in uw onmetelijke wijsheid, groot respect hebt.' De klas gnuifde. 'Ik vroeg me af of u ons het genoegen zou willen doen enig licht op het onderwerp te doen schijnen. Vertelt u ons iets, wat ook maar, over meneer Jackson.'

'Ik weet niets.'

'Wat spijtig. Dan moet ik aannemen dat u de huiswerkopdracht niet hebt gelezen. Ik vind dat u dan maar twee kantjes over het onderwerp voor me moet schrijven.'

'Maakt het niet uit wat ik over hem vertel?'

'Precies.'

'Hij was president. Hij droeg een witte pruik.'

'Dat is niet voldoende.'

 'U zei dat het niet uitmaakte.'

'Drie kantjes.'

'Dat is niet eerlijk.'

'Nog één woord en je blijft na.'

Ik schreef 'klootzak' in mijn agenda.

Ik had die dag de auto, en na school bracht ik mijn vriendin Virginia en haar vriendje, Bobby, naar Virginia's huis. We aten Mystic Mint-koekjes en dronken cola in haar keuken. Ik zuchtte almaar en V zei steeds: 'Arme Bev. Ik ben blij dat ik niet in jouw schoenen sta.' Toen ik opstond om weg te gaan, dook Bobby op de grond, omklemde zijn buik en rolde schaterend over de vloer tot de tranen hem over de wangen liepen. Toen hij op adem was gekomen, zei hij: 'Je vader vermoordt je.' Bobby kon het weten. Zijn vader was net zo'n fanatiekeling als de mijne, alleen was hij baptist. Ik liep de deur uit alsof ik op weg ging naar mijn executie.

Het was een halfuur voor het avondeten en mijn ouders zaten aan tafel op me te wachten. Ik legde mijn boeken neer en zakte onderuit in een stoel. Mijn moeder stond op, leunde tegen het fornuis en sloeg haar armen over elkaar. 'Nou, ik hoop dat je trots bent op jezelf,' zei ze.

'Nee,' zei ik.

'Wat ben je van plan?'

'Met Raymond trouwen.'

'Kijk eens aan. Wat ben je toch slim. Je weet alles.' Dat zei ze altijd. Waarschijnlijk omdat ik sinds de eerste klas van de middelbare school met mijn ogen rolde bij alles wat ze zei en voortdurend haar grammatica corrigeerde.

'Niet waar.'

Mijn vader bladerde door mijn agenda.

'En hoe zit het met je vriendje? Wat vindt hij er allemaal van?'

'Hij is heel gelukkig. We gaan trouwen.'

Mijn vader scheurde een handvol bladzijden uit mijn agenda en gooide ze voor mijn moeders voeten. Op tafel lagen de tekeningen die ik die dag tijdens Engels had gemaakt van stijve lullen, sperma en ballen met de woorden 'zuigen', 'neuken', 'klootzak', 'hufter' in blokletters en gearceerd als boektitels. 'Kijk, kijk eens waar je dochter op school aan denkt.'

Ik rende de keuken uit, langs mijn zussen, die in de woonkamer naar de *Mike Douglas Show* zaten te kijken, en dacht: goddank is mijn broer er niet. Hij was ergens midden op de oceaan, bij de marine. Ik ging op de bovenste trede van de trap naar mijn kamer zitten, klemde mijn gezicht tussen mijn knieën en luisterde naar mijn ouders, die in de keuken tegen elkaar tekeergingen.

'Ik wist het wel. Ik wist het wel. "Vertrouw haar," zeg je. Ik moest haar toch met rust laten? God sta me bij, Grace, zeg me nooit dat ik die twee andere dochters van je moet vertrouwen.'

'O, nee, Sonny, dit is niet mijn schuld. Het is ook jouw dochter.'

'Wat heb ik je gezegd dat ze in de kelder deed met haar vriendje? Wat heb ik je gezegd?'

Ik kon alleen maar denken aan Mindy Harmon. Mindy was niet slecht, zoals ik. Mindy was cheerleader, gebruikte nooit make-up, was zelden dronken, rookte niet, en raakte toch zwanger. Haar moeder sleepte haar naar alle basketbalwedstrijden waar ze cheerleader was, alleen maar om haar voor schut te zetten. Mindy was meelijwekkend. Ze moest zijdelings aan haar lessenaar zitten en droeg haar rokken met de rits open en vastgespeld in de taille met een enorme veiligheidsspeld die bij haar cheerleaderskilt had gehoord. Maar als iemand haar vroeg of ze zwanger was, knipperde ze twee keer met haar ogen en zei nee. Ik had de halve stad al verteld hoe het er met mij voor stond. Ik mocht dan zwanger zijn, maar ik stierf nog liever dan vol schaamte rond te lopen, zoals Mindy Harmon.

'Rose,' riep mijn moeder. 'Zeg tegen je zus dat ze hier moet komen.'

Mijn zusje van negen stond onder aan de trap en keek naar me op. 'Bev?' fluisterde ze.

Ik geneerde me om haar aan te kijken. Ze zag eruit alsof ze elk moment in luid gejammer kon losbarsten. Wat deed ik daar, verbannen naar de trap als een zedeloze vrouw? Wat voor voorbeeld gaf ik mijn zussen? Je zou denken dat ik iemand had vermoord, zoals mijn ouders reageerden, terwijl ik alleen maar geslachtsgemeenschap had gehad, en niet eens zo vaak.

Mijn vader huilde met zijn handen voor zijn gezicht, en mijn moeder pulkte met een haarspeld etensresten uit de barst in het midden van de tafel toen ik weer aanschoof en me schrap zette.

'Je maakt je vader kapot,' zei mijn moeder.

Ik haalde mijn schouders op.

'Je vader en ik vinden dat je het kind moet laten adopteren.'

'Nee.' Dat had ik al besloten.

'Hou het dan en blijf thuis wonen.'

'Nee!' Ze leek wel gek. Het enige goede van een kind krijgen was dat ik daardoor bij mijn ouders weg kon.

Mijn vader snoot zijn neus.

'Je vader en ik hebben het besproken. Als je wilt, adopteren wij het. Je bent te jong om te trouwen. Je zult er de rest van je leven spijt van hebben.'

'Adopteren?' riep ik terwijl ik opstond. 'Jullie willen mijn kind gewoon stelen. Ik hou het. Ik ga trouwen. Het is míjn kind.'

'Goed. Goed.' Mijn vader was opgehouden met huilen. 'Bedaar nou maar. Je bent minderjarig, slimpie. Je hebt onze toestemming nodig.'

'Dan trouw ik in het geheim.'

'Denk je soms dat het leuk is? Dat het makkelijk is? Denk je dat dat vriendje van je de kost zal verdienen? Denk je dat hij het uithoudt in een baan, en jou en een kind kan onderhouden?'

'Mam was zwanger toen jullie trouwden.' Dat was mijn troef. Ik had het jaren geleden uitgevogeld met een rekensom. Dit was de eerste keer dat ik het zei.

'Dat was anders,' zei mijn moeder. 'Wij waren ouder. Wij wisten wat we deden.'

'Pap was werkloos. Jullie hadden geen cent. Dat heb je me zelf verteld. Jullie woonden in een krot.'

'Zo is het genoeg!' Mijn vader stond op.

Met het risico een klap te krijgen zei ik nog één ding nadat mijn vader me het zwijgen had opgelegd: 'Ik bedoel alleen maar dat het met jullie wel is gelukt.'

'Goed dan. Ik geef het op. Ze weet alles.' Mijn vader sloeg op de rug van zijn stoel. 'Ik zeg je, Beverly: zorg dat je godvergeten zeker van je zaak bent, want als je eenmaal dit huis uit gaat – let op mijn woorden – kun je niet meer terug. Dan is het jouw pakkie-an.'

Ik staarde naar de grond.

'Ga naar je kamer,' zei hij.

Ik rende naar mijn kamer, wierp mezelf op bed en huilde ondanks mezelf tranen met tuiten.

Hoofdstuk 3

IK BLEEF HUILEN tot de avond voor mijn trouwdag. Ray was naar zijn vrijgezellenfeest en ik zat in Fays keuken met haar moeder en haar moeders vriendin, Joyce, de mannenhaatster. Zij zaten aan de gin en Fay en ik dronken koffie. Joyce, een vaste gast in Fays huis, was een felle tegenstandster van het huwelijk en beschimpte mannen met heel haar hart. Niets gaf haar meer vreugde dan na haar tweede martini Fay en mij aan onze stoelen gekluisterd te houden met haar roddel en waarschuwingen: 'Het zijn allemaal grote kinderen. Je bent veel beter af alleen, zelfstandig. Wie zit op ze te wachten? Ze zeuren, ze klagen, en willen steeds aan je zitten.' Meneer Johnston kwam de keuken binnen en schonk een whisky in, en Joyce ging verder alsof hij er niet was. 'Er is geen vrouw ter wereld die er geen spijt van heeft dat ze getrouwd is. Maar ze stikken nog liever dan dat toe te geven. Ik wed dat je moeder dolgelukkig is dat ze met een spaghettivreter is getrouwd (Joyce en Fays moeder waren ook Italiaans). Slaat hij haar als zijn gehaktballen te lang hebben opgestaan?'

Ik vond het prettig dat Fays moeder een vriendin als Joyce had. Fays moeder kwam uit de Bronx en droeg plastic sieraden en felrode lippenstift, en rookte sigaretten uit een ivoren sigarettenpijpje. We mochten roken en vloeken in haar huis. Op een keer kwam ze midden op de dag van haar werk met migraine thuis en trof ons met zijn vijven spijbelend aan en verkleed in haar kleren. Ze zei geen woord behalve: 'Ik ben ziek. Ik ga naar bed.' Die avond sprak ze ook nauwelijks tegen me. Ik dacht dat ze me niet meer mocht omdat ik naar de vijand was overgelopen. Dat maakte me erg bedroefd, en na mijn tweede stuk taart liet ik Fay met haar moeder en Joyce achter om op de bank in de woonkamer te gaan liggen, waar meneer Johnston met een kruiswoordpuzzel onder een lamp zat en zijn scotch dronk.

'Zo, Beverly,' zei hij. 'Morgen is de grote dag.'

'Inderdaad.'

'Ik dacht dat je een groot actrice zou worden.'

'Dat zou ik ook.'

'Nou, je weet maar nooit wat er kan gebeuren. Ik weet wat je nodig hebt. Wat je nodig hebt is een artiestennaam, daar knap je van op.'

Ik ging overeind zitten. 'O, ja?'

'Ik weet het, Viela. Viela Scaloppini, wat vind je daarvan? Dat is een goede artiestennaam voor je.'

Viela Scaloppini – ik herhaalde de naam in mezelf. Het klonk bekend. Mensen zouden die naam onthouden. 'Hé, Fay,' riep ik naar de keuken. 'Je vader heeft een artiestennaam voor me verzonnen, Viela Scaloppini.'

'Dat is een Italiaans gerecht, Beverly,' zei ze. 'Kalfsvlees met paprika of zoiets.'

Haar vader lachte zo hard dat de krant schudde. Ik had ter plekke in luid snikken willen uitbarsten, maar dan zou ik helemaal afgaan, dus hield ik me in tot ik kort daarna naar huis ging, mijn zussen en ouders die in de woonkamer tv keken voorbijliep en de grond welterusten wenste, en mijn moeder hoorde zeggen: 'Morgen is een belangrijke dag, blijf niet te lang op', terwijl ik de trap op liep naar mijn kamer. Ik ging op mijn bed liggen en dacht: dit is voor het laatst dat mijn moeder dat tegen me zegt. Dit is de laatste keer dat ik in mijn bed slaap, de laatste keer dat dit mijn kamer is. Ik keek om me heen

 naar de Amerikaans grenen schotten die mijn vader een voor

een had getimmerd om een slaapkamer voor mijn boer, Mike, te maken. Het was mijn kamer geworden zodra Mike bij de marine ging. Ik had de meubels anders gezet, maar het was toch nooit echt mijn kamer geweest. Ik knipte het lampje uit dat bij mijn bed hing. Mijn moeder had het in de uitverkoop in Bradlees gekocht, waar ze werkte op de afdeling Snoep en Kantoorbenodigdheden. Het was rond, van melkglas en zat vol bobbeltjes. Fay had gezegd dat het een ziek lampje was en dat de bobbeltjes op wratten leken. Ik had moeten zeggen dat ze haar mond moest houden. Ik legde een kussen op mijn gezicht en huilde mezelf in slaap.

Uiteindelijk was het maar goed dat Fays vader een wrede man was, omdat ik tijdens de huwelijksvoltrekking de volgende dag geen tranen meer over had, of misschien was ik gewoon zo'n tegenstrijdig iemand dat ik glimlachte omdat bijna alle andere aanwezigen huilden. Toen ik Fay en Beatrice zag, kregen we de slappe lach.

Ik vermeed Rays ogen tot hij op anderhalve meter afstand was. Toen ik ten slotte probeerde zijn blik te vangen staarde hij naar zijn handen. Ik dacht ineens aan zijn vader. Ik keek naar de voorste bank aan de kant van het gangpad, waar Rays familie zat. Zijn moeder en zus huilden met hun hoofden tegen elkaar geleund en Rays vader, die enkele weken geleden vers uit Bowery in de stad was verschenen, was nergens te bekennen. We hadden hem een uitnodiging gestuurd, en vanmorgen had Raymond hem in zijn kamer moeten opzoeken met een rode anjer in een doorzichtig plastic doosje en hem mee moeten nemen naar de bruiloft.

Bij het altaar zagen mijn vaders ogen er op de een of andere manier groener uit. Toen hij me een kus gaf, voelde zijn wang zijdezacht geschoren aan, en glad van tranen. Mijn moeder zag er beeldschoon uit in haar nieuwe roze jurk, maar ze zat met mijn zusjes schokkend te snikken in de bank achter me, en toen Raymond naar me toe kwam en mijn hand beetpakte, begon zijn mond te trillen. Ik ergerde me omdat ik wilde dat hij zich als een man gedroeg. Maar toen ik zijn hand vasthield, die koud was en trilde, voelde ik me zoals wanneer ik een lilliputter of dwerg of iemand met een bochel zag; dan wilde ik ze mee naar huis nemen en adopteren of zoiets. Dus bedekte ik zijn trillende hand met mijn hand, keek hem in zijn ogen, en zei: 'Ik hou van je', hoewel ik een minuut tevoren voor aan het gangpad had gewenst dat hij zou sterven voor ik vijfendertig was. Dan zou het kind achttien zijn, volwassen voor de wet, en kon ik een nieuw leven beginnen terwijl ik nog redelijk aantrekkelijk was.

Toen we in de flat van Rays zus in New York aankwamen voor onze huwelijksreis van een weekend lang, was ik moe en chagrijnig en woedend op Ray, omdat hij in de bar naast het feestzaaltje glazen Seagram's 7 had zitten drinken en hij daarna kotsend op de wc was gevonden toen de taart moest worden aangesneden. Ik had mijn eerste drankjes en sigaretten tot me genomen voor de neus van mijn ouders. Ik had vrijwel voortdurend gedanst. Ik was voorgegaan in de Bunny Hop, had gelachen, grappen gemaakt en was met koekjes rondgegaan. Nu het voorbij was, voelde ik me als een achtergelaten bloem. Rays zus had een fles champagne voor ons in de koelkast gelegd en twee champagneglazen waarop onze namen als een laagje ijs gegraveerd waren. Ray en ik haakten onze armen in elkaar en namen een slokje; toen vielen we in bed. Na wat gefriemel in het donker moest ik weer aan Rays vader denken. 'Hoe zat het eigenlijk met je vader?' vroeg ik.

'Hij deed niet open.'

'Jij stond daar met een bloem en klopte aan en hij deed niet open?'

Ray knikte.

'Hoe weet je dat hij thuis was?'

'Ik hoorde tekenfilms op de tv.'

'Voel je je rot?'

'Het zou maf geweest zijn als hij erbij was geweest.'

'Ik wou dat ik hem kon ontmoeten.'

'Nee, dat zou je niet willen.'

 Ik trok Raymonds hoofd op mijn borst. Hij legde zijn hand

op mijn buik. 'Do You Know the Way to San Jose?' van Dionne Warwick kwam op de radio. Daardoor moest ik denken aan de dans met mijn vader op de bruiloft. Ik had er weken naar uitgekeken. Ik stelde me voor hoe we de cha-cha-cha, de lindy, de foxtrot, een wals zouden dansen, net zoals hij toen we klein waren 's zaterdagsavonds altijd met mijn moeder in de keuken voor ons danste, als ze zich mooi hadden aangekleed om uit te gaan. Ik stelde me voor hoe de hele groep mensen in de kelderzaal van de Italian Club zou stoppen met dansen om mij over de vloer te zien glijden met mijn knappe vader. Maar mijn vader vroeg me niet één keer na de eerste dans, toen hij me weggaf. In bed met Raymond bedacht ik dat ik zo moedig had moeten zijn hem te vragen.

Na de receptie was iedereen bij ons thuis gekomen. Ray en ik verkleedden ons in mijn slaapkamer en telden ons geld. We hadden achthonderd dollar, genoeg voor de ziekenhuisrekening. Toen draaiden we een uurtje de Four Tops in de kelder met mijn neven en nichten en vrienden en vriendinnen, tot Bobby en Virginia ons naar de trein brachten. Toen Bobby de oprit uit schoot, zag ik mijn vader uit het raam kijken.

'Er zijn wel twaalf smerissen in dat huis,' zei Virginia.

'Mij zullen ze niets doen,' zei Bobby. 'Ik ga over een paar maanden naar Vietnam.'

'Stoer hoor.' Virginia liet haar kanten sluier van haar schouder glijden en keek uit het raam.

Bij het stoplicht, toen Bobby op de rem ging staan en weer wegschoot, zei Raymond: 'Hé, er zit een zwangere vrouw in de auto, man.' Ik weet niet waarom, maar ik had het gevoel dat Raymond en Virginia een team vormden en Bobby en ik een ander.

Put a dollar down and buy a car. Dionnes lied bracht me terug bij mijn huwelijksnacht en toekomstig leven – *In a week maybe two they'll make you a star* – en ik voelde de tranen opkomen. Raymond legde zijn hoofd op mijn buik. 'Het beweegt, geloof ik,' zei hij.

Hoofdstuk 4

HET GROOTSTE DEEL van mijn leven had ik met mijn familie in een klein mintgroen huis gewoond dat officieel bij de sociale woningbouw hoorde, maar helemaal aan de rand ervan stond. Vanuit onze achtertuin zag je over een veld onkruid heen de rest van het publiek bezit, piepkleine Cape Cods op minuscule stukjes verschroeid gras of hoge bakstenen flatgebouwen die in vreemde hoeken waren neergezet. Tieners scheurden van het ene stoplicht naar het volgende en kinderen in enorme bendes bevochten elkaar met takken. Maar aan de overkant van onze voortuin stonden grote koophuizen, felrood, sneeuwwit en mosgroen, met grote tuinen, dikke bomen en kinderen die 'alstublieft' en 'dank u wel' zeiden. Boven op onze heuvel was de buurtsociëteit.

Als ik tegen iemand zei dat ik op Long Hill woonde, dacht men dat ik een van de grote huizen bedoelde, en ik liet dat zo. Ooit had ik in de wijk rondgehangen bij een gaashek, en sigaretten dubbel geïnhaleerd en met jongens geflirt die 'kut' en 'pruim' zeiden. Mijn beste vriendin, Donna, wilde niet meer met me omgaan omdat ik die buurt zo aantrekkelijk vond. Maar dat was lang geleden, tijdens de herfst toen iedereen op de Dag-Hammarskjoldschool dat vliegtuig voor Russisch aanzag. Sindsdien was ik tot de conclusie gekomen dat de meeste mensen van de sociale woningbouw twee dingen waren:

arm en maf. Zoals Susan Gerace en haar vader, Anthony, wier achtertuin ik vanuit mijn slaapkamerraam kon zien. Anthony trok steeds als hij de kans kreeg zijn uniform uit de Tweede Wereldoorlog aan en blies de bugel – zoals op Memorial Day, bij eindexamens, bijeenkomsten na moordaanslagen, en om de avond na het eten. Dan stond hij met Susan in hun achtertuin en liet haar ook signaal blazen. Als ze maar één noot fout blies, kreeg ze een draai om haar oren en moest ze het overdoen tot ze het goed deed. Pas dan viel Anthony in met zijn droeve hoge hoorn, en overstemde haar volledig, hoe goed ze ook speelde. Het leek wel of ik elke avond van mijn leven mijn avondeten verteerde op zijn 'signaal'. Dat vond ik de schuld van mijn ouders. Ik keek op hen neer omdat we in die buurt waren beland, omdat ze geen eigen huis hadden en geen middelbareschooldiploma – wat een goede baan en een eigen huis had kunnen betekenen – en nooit ergens genoeg geld voor hadden, zoals danslessen of voldoende dure kleren.

Daarom beschouwde ik het als een andere vorm van ultieme gerechtigheid – of misschien mijn verdiende loon – dat ik uiteindelijk de middelbare school niet afmaakte en mijn vader dankbaar was dat hij zijn invloed aanwendde, waardoor Raymond en ik boven aan de wachtlijst voor de sociale woningbouw kwamen te staan. We kregen een appartement in een afgebladderde mintgroene duplexwoning in een doodlopende straat die Backes Court heette, die, gelukkig, ongeveer een kilometer van de andere huizen lag. Op de begane grond hadden we een keuken met een smaragdgroene vloer en blauw bakstenenplakplastic achter het fornuis en een woonkamer met een raam met een weids uitzicht. Op de eerste verdieping waren twee kleine slaapkamers, voor ons en de Baby, en een badkamer boven aan de trap met een Chiquita-banana-sticker op de deurknop. Onze tuin had een dode struik en geen bomen.

In onze nieuwe straat denderden kinderen de hele dag op Big Wheels, en ze groeven kuilen in tuinen, die ze met water vulden om modderklodders naar elkaar te gooien. De moeders luchtten dekens uit bovenramen en zaten op de stoep in de zon terwijl ze hun haar met de krulspelden erin lieten drogen. De enkele nog aanwezige vaders reden weg in hun auto en kwamen een keer per dag terug, net als Raymond, terwijl ik als een overrijpe tomaat overal in huis neerplofte. Ik bracht de meeste tijd voor het raam door, naar buiten kijkend en wensend dat ik een van die vrouwen op de thee met kaneelkoekjes durfde te vragen of zoiets, als ik tenminste geen huiswerk maakte.

Er was privéles voor me geregeld, zodat ik eindexamen kon doen. Dat betekende dat ik elke leraar die ik ooit een grote mond had gegeven moest binnenlaten in mijn armoedige tienerwoning, die was ingericht met afgedankte meubelen die, bestemd voor de vuilnisbelt, een omweg naar mijn huis hadden gemaakt. Met andere woorden, ik moest door het stof wanneer mijn leraren hun voeten op mijn deurmat veegden en in mijn Flintstone-meubelen gingen zitten – oude spullen van een tante die opnieuw bekleed waren, zodat ze keihard zaten. Als ik ze mijn huiswerkopdrachten gaf, zei niet een van hen, zelfs O'Rourke niet, die kettingrookte en naar drank rook, iets hatelijks, waardoor ik me beklagenswaardig in plaats van opgelucht voelde. Nooit hoorde ik 'zie je wel', maar ik moest wel mijn lerares huishoudkunde aanhoren, zoals toen Bobby Kennedy werd doodgeschoten en er geen rouwdag werd gehouden zoals voor Martin Luther King. Volgens haar was dat 'alleen omdat Martin Luther King zwart was'. Ik vond dat reden genoeg, als je bedacht hoeveel zwarte leiders we in het land hadden, maar ik hield mijn mond omdat zij de lerares was en ik de zwangere tiener die een roze jurk maakte met vijf naden, zodat ik er steeds een kon uitleggen als mijn buik weer een paar centimeter was uitgedijd.

Toen kwam de dag van de diploma-uitreiking, waarbij ik niet aanwezig kon zijn vanwege mijn dikke buik – niet dat ik was uitgenodigd, overigens. Mijn vriendinnen belden me de volgende dag om me op de hoogte te brengen. Ze vertelden me dat de rector bij het podium had gestaan nadat hij de diploma's had uitgereikt en had gezegd: 'En de beste wensen voor

Beverly Donofrio, die vandaag niet aanwezig kon zijn.' Mijn vriendinnen bezwoeren me dat niemand, maar dan ook niemand, stiekem had gegrinnikt of iets hatelijks had geroepen, en ik was zo dankbaar dat ik met warmte dacht aan elke klasgenoot die ik ooit voor zak, mongool of debiel had uitgescholden.

Ik was echter niet zo weg van mijn vriendinnen, want die hadden mij in de steek gelaten om zich kostelijk te amuseren in een gehuurd zomerhuisje aan een meer op een uur afstand. Zo waren de hele zomer – behalve Raymond – Bam-Bam, een achterlijk driejarig jongetje, en mijn moeder mijn voornaamste gezelschap. Zij kwam elke ochtend en ook 's middags langs omdat mijn huis, waar ze ook heen ging, op de route lag en ze dacht dat ik eenzaam was en haar nodig had.

Op een ochtend kwam ze binnen door de achterdeur en riep: 'Joehoe!'

Ik lag nog in bed. Het was halfelf.

'Ben je op?'

'Ja.'

Ik hoorde haar in de keuken stommelen en trok mijn spijkerbroek met rekstof om de buik aan, die mijn moeder voor me had gekocht op een van onze middaguitjes naar Barker, Stars, of Caldor. Ik waggelde de trap af naar de keuken.

'Het wordt bloedheet vandaag,' zei ze, twee koffiekoppen op tafel zettend.

'Ik hoef niet.'

'Wat wil je dan – sinaasappelsap?'

Ik knikte.

'Ik heb wat stoofschotel van gisteren voor je meegebracht.' Ze wees naar een plastic bakje in de koelkast. 'En ook wat gevulde paprika's.'

'Daar krijg ik maagzuur van.'

'Daar had ik nou nooit last van. Maar ik hield vocht vast, vooral met jou. Mijn benen waren net ballonnen. En de gifsumac dat jaar? Ik dacht dat ik doodging. Ray houdt van paprika's. Warm ze voor hem op.'

Ze ging zitten, stak nog een sigaret op en nam een slokje koffie. 'Wanneer heb je voor het laatst de was gedaan?'

De laatste keer dat ik de was had gedaan was toen zij hem had gedaan. 'Ik weet het niet,' zei ik.

'Je moet het bijhouden. Wil je nu een lading doen?'

'Nee, mam, het is te warm.' Ze begon me te irriteren.

'Je kunt het ook vanavond doen. Dat deed ik vaak. Als het afgekoeld is, draai je een was; je hangt hem op en dan is-ie morgen voor de middag droog.'

'Ik verveel me dood.'

'Je hebt anders genoeg te doen, alleen doe je het niet. Wanneer heb je voor het laatst de vloer gemopt?'

'Ik wil het niet over het huishouden hebben.'

'Ik zeg het alleen maar voor je eigen bestwil. Als je eenmaal een routine hebt, is het makkelijk.'

'Ma!' riep ik. 'Ik wil het niet over huishoudelijk werk hebben, goed?' Ze stond op en begon het aanrechtblad af te sponsen. Ik keek op de klok. Ik had nog een uur voor de eerste soapserie begon.

'Vertel eens hoe jij en pap elkaar ontmoet hebben.' Dat zei ik om het over iets anders te hebben en haar bij me te houden, ook al had ik het verhaal al honderd keer gehoord, zoals ik alle verhalen al honderd keer had gehoord, omdat ze mij alles toevertrouwde vanaf de dag dat ik geboren werd, alleen was ze toen leuk. Ze zong in de keuken, tapdanste door de gang en soms maakte ze handstanden op het gazon.

Ze ging zitten en stak nog een sigaret op. 'We waren op een dansavond in Rockaway Park. Alle bigbands kwamen daar. Je vader was met zijn maten en ze maakten geintjes over hem waar ik bij stond: 'Waarom ga je niet jitterbuggen met Grace?' Hij vroeg me niet omdat hij aambeien had, en dat wisten ze.'

'Kon hij niet dansen omdat hij aambeien had?'

'Ach, je weet, het is pijnlijk. Hij was verlegen. De zaterdag daarop vroeg ik hem ten dans. Je kent je vader; hij kan goed dansen. En toen kregen we verkering en een halfjaar later waren we getrouwd.' Ik bedacht dat mijn moeder behoorlijk hitsig moest zijn geweest, want ze had niet lang met seks gewacht. 'Mijn ouders wilden niets meer met me te maken hebben. Ze hebben je vader nooit gemogen, vonden hem een nietsnut. Ik geloof niet dat hij dat ooit is vergeten.'

'Zou je willen dat je nooit was getrouwd?'

'Ach. Toen ik ongetrouwd was, had ik een baan; ik had geld; ik kocht mooie kleren, ging op vakantie. Ik deed waar ik zin in had. Als je dan trouwt, ga je met je man mee. Ik verhuisde naar Wallingford. Ik vond het vreselijk. Toen werden jullie geboren. Ik weet het niet. Als je gelukkig wilt zijn, moet je niet trouwen.'

'Maar hou je van pap?'

'O, jawel. Maar in het begin heb ik veel gehuild. Ik had zo'n heimwee. Ik miste mijn vriendinnen. Ik miste mijn werk. En je vader wilde nooit dat ik werkte. Een man heeft zijn trots. Maar toen ik eenmaal mijn diploma had – jij was, wat zal je geweest zijn, vijftien? – zei ik: "Bekijk het maar." We hadden geld nodig. Toen ben ik bij Bradlees begonnen. Nu heb ik last van mijn benen omdat ik op die betonnen vloeren moet staan. En twee huishoudens moet doen. Ik word er niet jonger op, natuurlijk.' Mijn moeders conversatie liep uiteindelijk altijd uit op geklaag.

'Ma, je hoeft mijn huis niet schoon te houden.' Ik probeerde het in de kiem te smoren.

'Ja, ach, als de baby er eenmaal is, doe ik het ook niet meer, geloof me maar.' Op dat moment bonkte Bam-Bam met zijn hoofd tegen de deur. Bam-Bam zei nooit een woord, behalve 'Bam-Bam', en dat zei hij alleen als hij met zijn hoofd tegen je deur bonkte.

'Laat je hem binnen?' vroeg mijn moeder.

'Ja.' Ik stond op en deed de deur open.

'Waarom laat je hem binnen?'

'Ik vind hem aardig.'

Bam-Bam ging aan tafel tussen ons in zitten.

'Eerlijk, Beverly, ik kan niet geloven dat je over een paar maanden een kind hebt. Word toch eens volwassen.' Dat waren haar favoriete en irritantste woorden. 'Heb je al met de buren kennisgemaakt?'

'Nee.'

Ze trok haar wenkbrauwen op.

Zou ik met Bam-Bams tante willen praten, de vrouw bij wie hij en zijn zussen woonde? Ze negeerde haar kinderen, zag eruit als een walrus en woonde samen met een vent zonder tanden. Of de vrouw aan de overkant die haar rode GTO net zo vaak poetste als ze schone kleren aantrok? Soms wilde ik inderdaad dat ik een paar van de vrouwen die er leuker uitzagen binnen kon vragen, maar de enige keer dat ik met een paar buren had gesproken was een grote mislukking geweest. Het waren Stu en Marsha Heckle, die naast me woonden. Ik noemde hen de Lelijkerds omdat hij grote rode pukkels had en een klein hoofd, en zij was net een paddestoel en je kon haar roze hoofdhuid door haar haren heen zien. Alsof hun afstotelijke uiterlijk niet genoeg was, waren ze ook nog eens Jehova's getuigen. Ik zat op de stoep voor het huis terwijl Raymond binnen naar een baseballwedstrijd keek, toen meneer Lelijkerd naar buiten kwam en me een chocoladecakeje aanbood dat 'moeder de vrouw' had gebakken voor een samenkomst die ze die avond hadden van het 'oudercomité tegen seksuele voorlichting op school'. 'Vind je seksuele voorlichting werkelijk verkeerd?' waagde ik.

'Zeker weten,' zei meneer Lelijkerd. 'Een of andere vreemde die onze kinderen over de bloemen en de bijtjes vertelt? Wat geeft hun het recht om in de klas de gebeden te vervangen door seks?'

Daar kreeg ik braakneigingen van, omdat ik van mening was dat als iemand mij het laatste nieuws over voorbehoedsmiddelen had verteld, ik niet als zwangere tiener op de stoep voor mijn deur in een woning van een sociaal bouwproject hoefde te luisteren naar een perverse christen die gebeden en seks door elkaar haalde.

'Zoals de Lelijkerds?' zei ik tegen mijn moeder. 'Moet ik met mensen praten die niet geloven in seksuele voorlichting?'

'Iedereen mag een mening hebben.'

'Ik dus ook. Ik mág Bam-Bam. En ik wou dat je ophield. Ik bepaal met wie ik praat.'

'Dan ga ik maar.'

Meteen had ik spijt van mijn grote mond. 'Wat ga je vanavond koken?'

'Ik weet het niet. Het is zo warm, ik dacht maar *kielbasa* en aardappelsalade. En jij?'

'Hamburgers uit blik.'

'Waarom eet je die stoofschotel niet? Ik snap niet hoe jullie dat blikspul door je keel krijgen.'

'Mam.'

'Goed, goed. Ik moet wat bij Jeannie ophalen. Wil je mee, heb je iets nodig?' Jeannie was de winkel van mijn vaders nicht Jeannie, en telkens als ik daar kwam, stopte ze een doos lekkere dingen in mijn tas, zoals Ring Dings of Drake's Coffee Cakes of een enorme bak ijs.

'Nee,' zei ik.

Ze trok de koelkast open en pakte het literpak melk. 'Je moet meer melk drinken.' Ze opende de vriezer. 'Was dat het laatste sinaasappelsap? Ik haal wat bij.'

Ze waste de kopjes af en vertrok.

Ik zette de tv aan en keek met Bam-Bam naar mijn soapseries; rond vijf uur zei ik tegen Bam-Bam dat hij naar huis moest om te eten. Ik opende een blik hamburgers met barbecuesaus, legde twee broodjes op onze beide borden en warmde wat Green-Giantmaïs op. Soms zaten Ray en ik voor de tv en aten we van een blad, maar vanavond besloot ik om op de veranda aan de achterkant te eten, waar het koeler was.

Toen Ray er om halfzes nog niet was, ging ik op de veranda zitten met mijn bord op mijn knieën en probeerde me niet al te ongerust te maken. De eerste paar keer dat Ray te laat was, haalde ik me van alles in mijn hoofd en zag hem al in zijn auto om een boom heen gevouwen, of opgeslokt door een machine op zijn werk, of gewoon al rijdend uit het zicht verdwenen, weg van mij. Maar deze keer dacht ik dat hij zich waarschijnlijk alleen maar zoals gewoonlijk aan het bezatten was in een kroeg, met een of andere vent van zijn werk die ik niet kende.

Nadat ik had gegeten ging ik op de veranda aan de voorkant zitten om te kijken of ik Rays auto zag aankomen. Ik hoopte dat Bam-Bam, Berta en Betty, zijn twee plaatjes van zusjes, vijf en zes, langs zouden komen. Berta en Betty hadden knalrood haar en opvallende blauwe ogen, maar ze waren altijd vreselijk smerig en haveloos, net als hun broertje. Ik had bijna net zoveel medelijden met Berta en Betty als met Bam-Bam, omdat ik soms 's avonds naar buiten keek en daar de twee zusjes zag – met hun krullenkopjes in het donker – lopend in de stoepgoot, Berta voorop, Betty achter haar, de straat op en neer, met hun ogen neergeslagen.

Ze kwamen uit hun tuin rennen toen ze me zagen. Bam-Bam zat naast me terwijl ik Berta en Betty acrobatische toeren liet doen. Ze maakten radslagen langs de rand van mijn tuin en sneden elkaar kruiselings in een grote X in achterwaartse handstandoverslagen. Dat deden ze telkens opnieuw, tot ze de timing precies goed hadden en precies tegelijk voor mij terechtkwamen. Toen leerde ik ze een revérence maken met hun armen gebogen als zwanenhalzen. Ik zweer dat die twee het met een beetje aanmoediging van hun tante tot de Olympische Spelen hadden kunnen brengen.

Het begon net donker te worden toen de tante van Berta en Betty op haar achterveranda ging staan en riep: 'Bèèèrta, Bèèètty!' Als ze in mijn richting had gekeken, had ze hen gezien, maar dat deed ze niet. Ze stond gewoon op haar veranda, rond als een appel, met haar handen aan haar mond, en ging toen terug naar binnen. Berta en Betty bleven stokstijf staan. De hordeur sloeg dicht als een pistoolschot. Ze renden weg en keken niet meer om. Ze namen nooit afscheid.

Ik hoorde Bam-Bam onder de struik bewegen en dat klaaglijke geluid van hem maken. Ik was hem uit het oog verloren, en nu zaten zijn knieën vol aangekoekte modder, en op zijn gezicht zat opgedroogd snot. 'Hemel, Bam-Bam,' zei ik. 'Wast jullie tante je dan nooit?' Hij glimlachte zijn lippen tot een spleet en bewoog zijn hoofd heel snel heen en weer. 'Zal ik je gezicht voor je wassen, Bammerang?'

Hij bleef zijn hoofd schudden. Ik pakte een doekje, doopte het in zeepsop en waste zijn gezicht alsof ik een auto oppoetste. Hij kronkelde en krijste. Niet dat ik fanatiek alles schoon wilde hebben. Dat was mijn moeder. Ik denk dat Bam-Bam het soort kind was dat mensen automatisch willen kwellen, zoals de buurtpsychopaat, Andrew, die Bam-Bam uren met een wilgentak achterna kon zitten.

Bam-Bam wees naar de koelkast, draaide zijn handpalmen naar boven op schouderhoogte, en haalde toen zijn schouders op tot zijn oren. Hij had wat leuke maniertjes. Men zegt toch dat achterlijke mensen dichter bij God staan? Dat geloofde ik van Bam-Bam. Hij bezat geen greintje slechtheid, en zijn leven was behoorlijk grimmig. Ik denk dat zijn tante het liefst had dat hij verdween, gekidnapt zou worden of door een vrachtwagen overreden of zoiets. Je hoorde haar nooit roepen: 'Berta, Betty, Bam-Bam.'

Het was laat, bijna negen uur, en ik deed mijn uiterste best niet aan Raymond te denken om niet woedend te worden. Ik gaf Bam-Bam een kinder-Ring Ding en een glas Kool-Aid met aardbeismaak; toen ging ik aan tafel tegenover hem zitten met mijn Ring Ding en glas Kool-Aid en hij deed iets als 'Papegaaitje'. Hij maakte de wikkel precies zoals ik los en hield toen de ronde chocoladering tussen duim en wijsvinger, net als ik. Toen likte ik aan de onderkant om er zeker van te zijn dat ik me het niet inbeeldde en hij deed me na. Bam-Bam maakte dat ik in een deuk lag.

Het was pikdonker buiten, het begon te waaien en de wind sloeg tegen de ramen. Ik was bang, en blij dat Bam-Bam er was. 'Hé, Bam,' zei ik. 'Wil je dansen?' Hij knikte snel. Ik zette *Sgt. Pepper* op. Ik zorgde ervoor mijn armen niet te hoog op te tillen, want mijn moeder waarschuwde me altijd dat ik dan de baby met de navelstreng zou wurgen. Dus wervelde ik in het rond en wiegde met mijn gigantische heupen, en Bam-Bam maakte kleine sprongetjes en deinde met zijn hoofd.

Uitgeput en bezweet plofte ik op de schommelstoel.

Bam-Bam probeerde op mijn schoot te klimmen.

Ik wilde niet dat hij me aanraakte. 'Ga van me af,' zei ik.

Het leek alsof hij ging huilen.

'Niet huilen, Bam-Bam, anders mag je niet meer komen. Hoor je? Ga nu maar naar huis.' Ik opende de voordeur. Hij bleef roerloos staan. 'Bam-Bam,' zei ik quasi-geduldig.

Hij legde zijn kin op zijn borst en hurkte als een aap. Toen hij eindelijk buiten stond, deed ik de deur op slot en ging naar boven. Hij bonkte met zijn hoofd tegen de hordeur, 'Bam... bam, bam... bam,' zei hij.

Ik gilde: 'Bam-Bam, verdwijn. Ik meen het!'

Ik rende de trap op, ging op de rand van ons bed zitten en staarde in het donker uit het raam. Ik zag Bam-Bam een paar meter verderop in de goot zitten. Hij sloeg met een stok in het zand en wreef met de rug van zijn hand in zijn oog. Ik voelde me schuldig dat ik hem had weggestuurd, maar wilde hem ook niet terugroepen.

Op dat moment naderde er een auto in een flits van licht en ik dacht dat het misschien mijn moeder was. Het was Raymond. Hij sloeg de deur iets te hard dicht.

Zijn voeten dreunden hard op de vloer. Hij riep: 'Beverly!'

Ik gaf geen antwoord.

'Verdomme,' zei hij.

Hij opende de koelkast en sloot hem weer. Ik hoorde water stromen. Hij liep naar boven, ging pissen in de badkamer. Ik hield mijn adem in. Hij stak zijn hoofd om de deur en zei: 'Wat ben je aan het doen?'

'Je had moeten bellen.'

Hij leunde tegen de deurpost. Hij rook naar sigaretten en drank. 'Die kerel, Sal? Ontslagen. Ineens. We zijn met een paar maten in de Aviation wat gaan drinken om hem op te vrolijken.'

Ik ging op mijn buik liggen en begon te huilen.
'Wat is er?' vroeg hij.
'Ik weet het niet,' loog ik. Wat ik wilde was mijn moeder.

Ik had grote plannen voor mijn huwelijk. Het ging ongeveer als volgt: mijn vriendinnen kwamen elke avond op bezoek. We hielden pyjamafeesten en zetten de muziek zo hard als we wilden. In plaats daarvan, zoals ik zei, lieten ze me aan mijn lot over en gingen naar Spring Lake, waar ze allerlei vriendjes hadden, naakt zwommen en dreven op binnenbanden terwijl het niet bij ze opkwam om me uit te nodigen, omdat ik zwanger was. De enige vriendinnen die me belden waren Virginia, die in de herfst ging studeren en de zomer in Wallingford moest blijven om te werken, en Fay, omdat zij nu ook getrouwd was. Ze was de dag na de diploma-uitreiking getrouwd met de jongen van de kernonderzeeër, zoals gepland.

Uiteindelijk nodigden mijn vriendinnen ons uit op een groot feest. Virginia en Bobby reden met ons mee. Bobby zou over een paar weken naar het opleidingskamp in het leger gaan. Iedereen zou komen, behalve Fay, omdat ze bij haar schoonouders in Virginia op bezoek was. Voor het feest was het al een voldongen feit dat Fay tijdens haar huwelijksreis zwanger was geworden. Ik was in de wolken dat ik nu niet de enige moeder zou zijn.

Ik kon weken aan niets anders denken dan aan het feest. Ik wist zeker dat iedereen zou schrikken als ze zagen hoe dik ik was geworden, en dat ze allemaal om me heen zouden zwermen. Maar mijn vriendinnen leken veranderd. Om te beginnen waren ze bruin, en verder hingen er allemaal jongens om hen heen die ik nog nooit gezien had. Vuilniszakken puilden uit van lege bierblikjes en whiskyflessen. Beatrice, die zichzelf altijd lelijk had gevonden, droeg een strakke heupbroek en een laag uitgesneden truitje. Ze was met een zekere Donni, die net terug was uit Vietnam, waar hij bij de medische dienst had gezeten. Maar tijdens zijn laatste drie maanden had hij alleen maar lijken in plastic zakken in vliegtuigen geladen. Beatrice vertelde me dat in de badkamer terwijl ze haar wenkbrauwen epileerde. 'Ik heb er zo'n zootje van gemaakt, Beverly. Ik ben al een maand dronken.'

'Echt?'

'We ontbijten met bier. Bier en toast.'

'Je boft.'

'Ik ben blut. Ik heb al het geld dat ik voor mijn eindexamen kreeg opgemaakt. Wij allemaal, trouwens. Over twee weken begin ik bij de Knights of Columbus met mijn moeder. Ik wil niet terug naar Wallingford. Jij hebt geluk dat je niet hoeft te werken.'

'Weet ik.'

Niemand had het over mijn enorme omvang, dus na mijn derde rum-cola tilde ik in de keuken mijn rok op om mijn buik te laten zien. Ze kwamen om me heen staan om hem aan te raken. 'Hoe voelt het?' wilden ze weten.

'Zwaar. Ik heb hoofdpijn en last van maagzuur.'

'Getsie.'

'Maar het beweegt. Soms kun je het onder mijn huid zien.'

'Wat maf.'

Toen werd ik dronken, zag een pracht van een jongen binnenlopen en vergat mezelf. Ik vroeg of hij wilde dansen. We deden de Jerk en ik vergat de navelstreng en foetus, en zelfs dat ik zwanger was. Ik sloot mijn ogen en ging helemaal op in de muziek. Ik stelde me voor dat hij naar me keek en wenste dat ik niet getrouwd was. Ik stelde me voor dat ik, als ik niet getrouwd was, de hele avond met die jongen zou dansen. Daarna zouden we naar buiten gaan en praten bij het meer. Hij zou uit een andere stad komen. Daar zouden we heen gaan en nieuwe mensen ontmoeten. Ik voelde zijn hand op mijn arm en opende mijn ogen. 'Kan dit geen kwaad voor de baby?' vroeg hij.

Ik draaide me om en liep door de keuken naar buiten, verbijsterd. Ik ging tussen twee geparkeerde auto's op de grond zitten tot ik zeker wist dat ik niet zou gaan huilen; toen ging ik op zoek naar Raymond. Hij leunde tegen een auto. Hij nam de laatste slok uit een blik bier, kneep het blik samen in zijn hand en liet een boer. Armond White, die met verlof was uit het leger, was bij hem.

'Je bent zat,' zei ik toen ik naast Raymond stond.

'Vertel me één ding,' zei Ray. 'We hadden het er net over. Hoe komt het dat je m'n sokken kwijtraakt in de was? Wat gebeurt er in vredesnaam mee?'

'Je hebt te veel gedronken,' zei ik.

'Ach, kom.'

'Ik wil naar huis.'

'We zijn hier net.'

'Waarom laat je hem niet met rust?' zei Armond. Ik had al lange tijd iets tegen Armond. Hij was de debiel die Raymond had wijsgemaakt dat er als je meer dan een keer in vierentwintig uur seks had, na de eerste keer niets meer kon gebeuren. Ik wist dat Armond stom was, zoals de meeste vrienden van Raymond, maar ik geloofde hem omdat ik dacht dat ze de jongens in het leger alles over geboortebeperking vertelden.

'Bemoei je met je eigen zaken, Armond,' zei ik.

'Pik je dat van je vrouw, joh?'

'Hoezo: "*Pik* je dat van je vrouw?" Ik zeg godverdomme wat ik wil.'

'Leuk zeg.'

'Raymond...' Ik dacht dat ik hem zou vermoorden als hij niet ter plekke met me mee zou lopen.

'Je vindt jezelf een hele piet, hè?' zei Armond. 'Denk eraan: er is altijd iemand sterker.'

'Pas jij helemaal maar op.'

'Beverly, kom mee.' Raymond pakte me van achter vast en drukte mijn armen tegen mijn zij terwijl hij achteruit met me wegliep.

'Wat zijn die vrienden van je toch hufters,' zei ik.

'Nou, en? Ik ben een hufter,' zei Ray.

'Laten we naar huis gaan.'

'Ik heb het naar m'n zin. We hebben nooit meer lol. Laten

we nog een tijdje blijven. Alsjeblieft? Trouwens, en Bobby en Virginia dan?'

'Hoe kun je met zo'n stommeling praten? Ik ben doodmoe.'

'Je bent altijd moe. Je hebt een hekel aan mijn vrienden. We hebben nooit lol.' Hij probeerde me in mijn hals te kussen. 'Kom op, Bevy. Al je vriendinnen zijn hier. Je hebt hier weken naar uitgekeken. Waarom heb je geen plezier?'

'Als we nog langer blijven word je nog zatter.'

'Ik beloof het. Als we nog twee uur blijven, zal ik niet meer drinken. Misschien één biertje.'

'Een uur.'

'Oké.'

Een uur later kon ik hem niet vinden. Een uur daarna vond ik hem op zijn rug boven op een picknicktafel bij het meer. Zat. Ik zei tegen hem dat ik naar huis wilde.

'Ik wil naar huis. Ik wil naar huis. Weet je hoe je klinkt? Als hoe-heet-ze-ook-weer in *The Wizard of Oz*.' Dat vond hij buitengewoon grappig.

'Je zei "één biertje".'

Hij ging zitten en helde zo ver over naar rechts dat hij bijna van de tafel viel. Ik kon hem wel slaan. 'Geef me de sleutels,' zei ik.

Hij voelde in zijn zakken en richtte toen zijn hoofd op. 'Wat doe ik eigenlijk? Geen denken aan. Jij bent me er een.' Hij wees met zijn duim naar me. 'De baas. Iedereen vindt dat ik onder de plak zit. Daarom ben ik zat geworden.'

'Ik ga,' zei ik, en ik begon in de richting van huis te lopen, wat een afstand van honderdvijfig kilometer was. De weg was donker en verlaten. Ik liep langs het stalletje, dat nu gesloten was, waar ik vorig jaar op een picknicktafel had gezeten en met wat jongens van de universiteit had geflirt die vroegen of ik non-conformistisch was, iets waar ik nog nooit van had gehoord. Ik had bijna anderhalve kilometer gelopen en kreeg het niet alleen koud, maar werd ook bang omdat de bomen boven me een boog vormden en het licht van de maan tegenhielden, toen Raymond eindelijk naast me stopte met Virginia en Bobby achterin.

'Je hebt een heel eind gelopen,' zei hij.

'Ik sterf van de kou,' zei ik.

'Stap in, schat,' zei hij.

'Laat mij rijden.'

'Alsjeblieft, Bev?'

Ik had medelijden met hem. Ik kon vals zijn. Bovendien wilde ik geen ruzie maken waar Virginia en Bobby, die al te veel scènes hadden meegemaakt, bij zaten. Dus stapte ik in en negeerde het geslinger over de weg. Een minuut of tien later begon Raymond te knikkebollen, en onze VW sloeg om als een pannenkoek. Zand vloog om me heen en de tijd vertraagde terwijl ik dacht: nu raak ik eindelijk de baby kwijt.

Toen was alles stil en onbeweeglijk. Virginia zei: 'Bobby?'

'Ik mankeer niets,' zei hij.

'Beverly?' zei ze.

'Ik ben niet gewond,' zei ik terwijl ik me uit de auto wurmde die ondersteboven lag. Bobby en Virginia stonden vlak bij elkaar verdwaasd te staren. Het enige geluid was het gezoem van draaiende wielen. 'Waar is Ray?' vroeg Bobby na een poosje. Het was vreemd dat we hem vergeten waren.

Als zombies liepen we om de auto heen. Raymond lag op de grond, bewusteloos, met het portier op een schouder en een grote bloedklodder die op het asfalt onder zijn neus stolde.

'Zouden het zijn hersenen zijn?' vroeg ik.

Bobby legde zijn oor op Rays borst. 'Hij leeft,' zei hij.

We staken de weg over en bonkten op een deur. Een vrouw riep: 'Ga weg of ik bel de politie.'

Bobby zei: 'Krijg de klere, mens.'

Bij het volgende huis belde de bewoonster een ambulance en we gingen terug naar de auto om te wachten.

'Godverdomme!' Bobby schopte tegen een reling.

'Bobby, niet doen,' zei Virginia, omdat Bobby door het lint kon gaan.

'Dat is mijn maat,' zei Bobby. 'Moet je eens naar hem kijken, man.'

Dat kon ik niet. Virginia ook niet.

In het ziekenhuis reden ze Ray weg, en toen werd ik onderzocht door een arts. Hij luisterde met een stethoscoop naar mijn buik en zei dat de baby volgens hem niks mankeerde. Toen verbond hij mijn knie en voorhoofd, waarmee ik tegen de voorruit was geknald, en zei dat ik naar huis mocht. Bobby en Virginia werden opgehaald door Virginia's vader en ik bleef wachten tot Ray terugkwam van de röntgenafdeling. Zijn ogen waren bont en blauw en open. Toen hij me zag, begon hij te huilen.

'Zijn sleutelbeen en zijn neus zijn gebroken,' zei een verpleegster tegen me.

'Ik had jou moeten laten rijden,' huilde Raymond.

'Het geeft niet,' zei ik.

'Ik had je dood kunnen rijden. Ik hou zoveel van je.'

'Ik ook van jou. Niet huilen.'

Hij snikte nog toen de verpleegster hem wegreed.

'Mankeer je niets?' vroeg mijn vader toen ik naar huis belde voor een lift. Ik had gebeden dat mijn moeder zou opnemen.

'Nee.'

'Hij?'

'Gebroken sleutelbeen en neus.'

'Had hij gedronken?'

'Een beetje.'

'Hebben ze hem op de bon geslingerd?'

'Nee.'

'En de auto?'

'Total loss.'

'Jezus christus. Wat is er met jullie? Ik zou hem zijn rijbewijs moeten laten afnemen. En hoe kom je nu aan een andere auto?'

Mijn moeder kwam me halen; toen was het haar beurt. 'Hij zal niet meer kunnen werken,' zei ze. 'Hoe kom je dan aan geld? Ik zal doen wat ik kan, maar je weet dat je vader en ik geen cent te makken hebben. Ik weet het niet, jullie denken maar dat je je kunt gedragen als tieners.'

'We zíjn tieners.'

'Je krijgt een kind. Jullie hebben verantwoordelijkheden. Hoe gaat het worden als de baby er is? Hoe zou je je gevoeld hebben als je het kind was kwijtgeraakt? Word eens volwassen.'

Ik leunde achterover in de stoel en keek naar het straatlicht dat in het dak van de auto verdween, en neuriede, geen liedje maar gezoem, als een hommel.

'Wat is dat?' vroeg mijn moeder.

Ik bleef zoemen, en ze wist niet dat ik het was.

Toen ik thuiskwam, was ik bang dat er moordenaars en ontsnapte gekken uit inrichtingen bij de ramen scholen; daarom ging ik meteen naar de badkamer, deed de deur op slot en ging naast de wc op de grond zitten. Ik voelde me heel alleen; ik moest zelfs toegeven dat ik het liefst met mijn moeder naar huis was gegaan. Ik omklemde de wc-pot en gaf me hevig snikkend over aan een dramatische huilbui.

Toen bewoog de baby. Het was de eerste keer na het ongeluk. Mijn gehuil werd minder luid.

Misschien had ik de baby gemist. Ik besefte dat ik al maanden tegen haar praatte zonder erbij na te denken. Misschien zou ik bedroefd zijn geweest als ze dood was gegaan.

Ik ging naar een waarzegster bij het spoor. Haar camper rook naar kattenpis en ze was zo breed als een Volkswagen. Ze liet me zitten en legde kaarten. Ze zei dat ik een meisje kreeg, wat ik al wist, en dat ik binnen vijf jaar nog twee kinderen zou krijgen en zou verhuizen naar een split-levelhuis. De naam van mijn dochter zou beginnen met een J.

Ik begon plannen te maken. Mijn dochter zou mijn evenbeeld zijn, en als ze geboren werd zou ze een rond hoofdje hebben, bedekt met zwart haar. Haar ogen zouden groot en bruin zijn. Ze zou mijn beste vriendin worden en er zou niets ter wereld zijn waar we het niet over zouden hebben. Ik zou haar alles vertellen over mijn leven tot haar komst en daarna.

Ze zou beslist gaan studeren en ik zou haar Nicole noemen, naar een schizofreen personage in mijn favoriete soapserie. Ray zei dat als het een jongen was hij hem naar hem wilde noemen. Ik zei: geen sprake van. Ik vernoemde ons meisje toch ook niet naar mij? We werden het eens over Jason, naar Jason McCord in *The Lawman*, en zijn tweede naam zou Michael worden, naar mijn vader.

Hoofdstuk 5

DE BEVALLING BEGON op een zondagavond midden in september. Het was die week zo heet dat de honden uit de buurt in roedels rondjoegen, de kluts kwijt door de hitte. Katten doken onder auto's en door open kelderramen om hun te ontsnappen. Op een dag zag ik de honden een pop de lucht in gooien en het ding volledig aan stukken scheuren, waardoor er een wolk wit schuim aan hun vacht bleef kleven. Ik was bijna twee weken over tijd, en als ik niet snel beviel, was ik van plan me midden in die roedel schurftige honden te werpen, zodat ik het had gehad.

Zondag gingen we bij mijn moeder macaroni eten, een ritueel dat ik misschien maar een paar keer had gemist in mijn hele leven, alleen voelde ik ditmaal pijn na het eten, terwijl we naar *The FBI* keken en citroenschuimtaart aten, maar ik zei niets. Raymond wilde blijven voor de zondagavondfilm, maar ik zei dat ik me niet lekker voelde en naar huis wilde. Zodra we ons huis binnenliepen, voelde ik slijmerig vocht langs de binnenkant van mijn dij druipen. 'Ooo, getverderrie! Raymond!' gilde ik. 'Volgens mij ben ik aan het bevallen.'

'Dat meen je niet,' zei hij.

We gooiden mijn tas voor het ziekenhuis op de achterbank van onze Chevelle (mijn vader had hem voor vijfhonderd dollar op de kop getikt en had borg gestaan voor de lening) en ik stelde voor om één keer rond de eendenvijver te rijden voor we naar het ziekenhuis gingen. Het nieuwe Beatles-nummer 'Hey Jude' kwam op de radio.

'Dat is het!' zei ik. 'Zo noemen we haar, June.' Ik had de tekst verkeerd verstaan.

Ray drumde met zijn duimen op het dashboard en zei: 'Gaaf.'

Ik was doodsbang in de ziekenhuiskamer. Eerst schoren ze me, toen gaven ze me een klysma, en toen ik de badkamer uit waggelde terug naar de kamer, legden ze me als een gestrande walvis in een ledikant. Meteen stak een verpleegster een paar vingers bij me naar binnen. Ik was drie vingers, middencirkel. Vijf vingers was totale ontsluiting. Als je zo ver open was, was het bingo, geboorte. De Porto Ricaanse vrouw kwam binnen en vertrok een halfuur later, 'Mama! Mama! Mama!' krijsend.

In het bed tegenover me lag een knappe vrouw. 'Hallo,' zei ze toen de verpleegster weg was.

'Hallo.'

'Ik ben Louise Baker. Dit is mijn eerste kind. Van jou ook?'

'Ja. Ik ben Beverly Bouchard.'

'Als ik begin te krijsen zoals die vrouwen, schiet me dan neer, goed?'

'Denk je dat het heel veel pijn doet?'

'Pijn doet het, maar niet zo heel veel.'

'Hoe lang ben je hier al?'

'Ongeveer een uur. Ik heb nog geen arts gezien. Ik ging altijd naar de kliniek.'

'Ik ook. Ik heb je nog nooit gezien.'

'Het is daar een zootje.' Ze trok haar lange blonde haar naar achter en begon het te vlechten. 'Ik studeer aan Central Connecticut. Ik bedoel, daar zat ik. Toen ik zes maanden zwanger was, ben ik gestopt. Mijn vriend studeert nog. Ik ga waarschijnlijk terug als de baby er is.'

'Wat studeerde je?'

 'Als hoofdvak? Antropologie.'

Ik wist niet precies wat dat was, maar ik stierf nog liever dan het haar te vragen. Ik zag dat haar benen niet geschoren waren. Ik wilde dat ik haar in de kliniek had gezien. Alle andere vrouwen daar spraken Spaans en er waren nooit genoeg klapstoelen voor iedereen. Ik moest elke keer minstens vier uur wachten, en als ik Louise daar was tegengekomen, hadden we de hele ochtend kunnen praten. Dan zouden we inmiddels vriendinnen zijn geweest. Maar waarschijnlijk zou iemand die studeerde mij te dom vinden.

'Ben je verzekerd?' vroeg ze.

'Nee, jij wel?'

'Besef je dat als je niet getrouwd bent, de verzekering van je vriend jou niet dekt? Wij wilden niet trouwen. We leven naar onze politieke overtuiging. Art en ik vinden het een formaliteit uit de oertijd om je door een wet aan elkaar te binden. Mijn ouders zijn niet eens... o, help. Daar komt er een.'

Mijn weeën waren helemaal opgehouden. Ik zei het tegen de verpleegster. Er kwam een arts binnen. Hij was jong en knap. Zijn handen waren lang en slank. Ik had hem nooit eerder gezien. 'Hallo,' zei hij. Hij keek naar mijn medische gegevens. 'Mevrouw Bouchard, ik hoor dat u geen weeën meer hebt.'

'Inderdaad.'

'We zullen u iets geven waardoor ze weer beginnen, de boel versnellen.'

De verpleegster gaf hem een injectienaald, die hij in mijn kont stak. Binnen tien minuten kon ik het niet meer harden en er was geen pauze tussen de weeën. De arts kwam terug en zei: 'Goed, mevrouw Bouchard, het gaat van een leien dakje. Ik zal u nu wat Demerol geven om de pijn te verlichten.' Hij gaf me nog een injectie in mijn kont. Voor ik van mijn stokje ging had ik een hallucinatie. Ik zag het jonge katje dat ik had toen ik klein was. Het sprong telkens opnieuw om bij me in bed te komen.

Ik weet niet hoe lang ik bewusteloos was geweest toen ik wakker werd en Louise hoorde gillen: 'O god, o god, o god. Ah ah ah ah aaaahhhh!'

Er stroomde zweet uit al mijn poriën. Toen ze ophield met schreeuwen zag ze me door de spijlen naar haar kijken en zei: 'Sorry, maar het doet zo'n pijn.' Toen begon ze te huilen.

Ik wilde dat ik dood kon.

Louise was allang weg toen de verpleegster me op mijn rug rolde, mijn enkels in mijn handen legde en zei dat ik moest persen. Het was te vernederend. Ik dacht almaar dat zelfs Jaqueline Kennedy haar enkels in de lucht had gehouden en gekreund had alsof ze er een voetbal uit moest persen. Toen de verpleegster weer binnenkwam, keek ze tussen mijn benen en begon ze sneller te ademen. 'Goed, mevrouw Bouchard, ik wil dat u nu ophoudt met persen. We gaan uw arts oppiepen. Maakt u zich geen zorgen, alles gaat prima.'

'Ik kan niet ophouden,' riep ik. 'Ik moet.'

'Alstublieft, mevrouw Bouchard, probeer niet te persen,' zei ze terwijl ze mijn ledikant de verloskamer inreed. Ik voelde me verraden door alle moeders. Waarom hadden ze me niet gewaarschuwd?

'Dit is vreselijk.' Ik begon te huilen. 'Waar is het gas? Geef me gas,' gilde ik. 'Krijg ik geen gas?' De verpleegster gespte mijn knieën in beugels en plaatste er een ronde spiegel boven om me af te leiden. 'Kijk, mevrouw Bouchard, kijk. U kunt het hoofdje zien.' Het was slijmerig groen en stak naar buiten. Ik bedekte mijn ogen en gilde: 'Haal het weg, ik kan er niet tegen, ik wil het niet zien!' Ten slotte kwam er een Aziatische coassistent binnen. Ze zetten een gasmasker op mijn gezicht en toen was het voorbij.

Toen ik bijkwam, reikte de verpleegster een gerimpelde, lelijke rode baby in een witte doek aan. 'Proficiat, mevrouw Bouchard, u hebt een gezonde zoon van acht pond.'

'Zoon!' gilde ik. Zijn hoofd was enorm en had de vorm van een voetbal. 'Wat is er met zijn hoofd? Hij heeft blond haar!' De verpleegster werd bleek. Ik legde mijn gezicht in mijn handen en snikte het uit. Het was alsof mijn dochter was gestorven. Het kleine meisje met het mooie ronde hoofdje dat boertjes had gelaten, zich had gewenteld en gekeerd, en in me had geschopt – de dochter die maandenlang mijn beste vriendin was geweest – was al die tijd een jongen geweest. Wat moest ik met hem beginnen? Ik vond jongens niet eens meer leuk. Hij zou legerpoppetjes hebben en waterpistolen en baseballkaartjes en een *penis*. Waar zouden we over praten?

Mijn moeder kwam met een aardbeimilkshake en kuste me op mijn wang. Toen ging ze zitten en legde haar tas op haar schoot. 'En, hoe voelt het om moeder te zijn?' vroeg ze.

Ik haalde mijn schouders op.

'Het doet pijn, hè?'

Ik beet op mijn lip om niet te huilen.

Later liep ik door de babykamer en zag hem: een kleine bobbel onder een wit dekentje. Ik dacht dat ik, als zijn naam niet op het wiegje had gestaan, niet eens zou weten dat hij van mij was.

Mijn moeder kwam terug toen het weer bezoekuur was, met mijn vader en zussen, Rose en Phyllis. Rays moeder kwam ook, en nog drie vriendinnen. Iedereen zat op mijn bed of op de vensterbanken. Rose zat bij mijn vader op schoot. Toen Ray na zijn werk kwam, was er geen plaats voor hem. Hij leek wel een buitenstaander, en ik had medelijden met hem. Hij gaf me een konijn met een klimopplant in zijn rug, en toen hij de kans kreeg om iets te zeggen, wipte hij van zijn ene been op zijn andere en zei: 'Hé, Bev, moet je horen. Het nummer is "Hey Jude", niet "June".'

Aangezien de Beatles al die tijd over een jongen hadden gezongen, was het misschien toch niet zo erg om een jongen te hebben. Bovendien, als de waarzegster het geslacht van mijn baby mis had gehad, had ze het waarschijnlijk ook mis wat betreft de andere twee kinderen en het split-levelhuis. 'Vind je dat we hem Jude moeten noemen in plaats van Jason?' vroeg ik aan Ray.

'Misschien wel.'

'Jude?' vroeg mijn moeder. 'Wat is dat voor naam?'

Ik had nog nooit van St.-Judeus of Judeus de Nederige gehoord, en de naam deed me denken aan Judas, de verrader van

Jezus. Ik veranderde van gedachten. 'Laten we hem Jason noemen,' zei ik.

'Te gek, ja.' Ray nam een trek van zijn sigaret.

De volgende dag, toen Jason in mijn kamer werd gebracht, was hij zacht en warm, en rook hij lekker, als een baby, maar hij bewoog zijn hoofd als een dinosaurus in een Japanse film. Ik was bang van hem. Toen kreeg hij na vijftien milliliter melk de hik en begon te huilen.

Hij huilde nog toen ik hem aan de verpleegster teruggaf. 'Vijftien milliliter maar?' vroeg ze.

'Hij kreeg de hik,' legde ik uit.

Ze schudde haar hoofd alsof ze wilde zeggen: stomme tienermoeder.

De volgende keer dat hij bij me werd gebracht, verzamelde ik moed. Ik deed de deur dicht; toen trok ik zijn hemdje uit, prentte me vervolgens precies in hoe zijn luier was gespeld, zodat ik het kon nadoen, en toen deed ik ook zijn luier uit. Ik had nog nooit een onbesneden penis gezien. Hij zag eruit als een olifantenslurfje. Ik kuste het. Ik verborg mijn gezicht in zijn buik, zijn oksel, zijn hals. Ik stak zijn hele voetje in mijn mond.

Op de dag dat we het ziekenhuis verlieten trok ik Jason een blauw pakje aan met een plastic Tweety Bird op de borst. Ray droeg hem naar de auto alsof hij een tank nitroglycerine droeg. Toen ik bij een stoplicht zag dat zijn mond bepaalde waarheen hij zijn hoofd draaide, stak ik mijn vinger in zijn mond. Hij zoog erop.

Mijn moeder was in ons huis toen we aankwamen, en het leek wel alsof ze daar weken was geweest. In de eerste plaats was het smetteloos schoon, en verder had ze de keukentafel, die diagonaal had gestaan, recht tegen de muur gezet. Ze zat eraan met een schaal gebakjes en een pot koffie voor zich. 'Zo heb je meer ruimte,' zei ze. Ik ging zitten en zei: 'Ma, kijk.' Ik stak mijn vinger in Jasons mond.

'Haal die vinger uit zijn mond! Ben je gek?' zei ze.

'Waarom? Hij vindt het fijn.'

 'Je hebt bacteriën op je handen. Alles wat door een babymondje gaat moet gesteriliseerd zijn. Kom eens hier, Jason.' Ze stak haar armen uit. Ik gaf hem aan haar. 'Hoe gaat het met je, kereltje? Wat ben je een grote jongen.' Ze kneep in zijn wangen. 'Hoe is het met mijn jongetje? Wat ben je een mooi ventje!' riep ze tegen hem, bij elke zin naar hem knikkend en met haar vinger in zijn kin priemend. 'Moet je die bolle wangetjes zien. Ik zou hem wel op kunnen eten. Je moeder is moe; daarom neemt je Mimi het over, zodat ze op krachten kan komen. Zullen we dat doen?'

'Je *Mimi?'*

'Leuk, hè?'

'Ik vind het wel leuk,' zei Ray, die zijn jasje uittrok en op de bank ging zitten.

'Raymond, hang het op,' zei mijn moeder. 'Je vrouw heeft net een kind gekregen; ze kan niet alles achter je opruimen.'

'Ik vind Mimi maar niks.'

'Wat is er verkeerd aan?'

'Het klinkt als een hondennaam.'

'Ik vind het leuk. Het is makkelijker uit te spreken.'

Ik dacht dat ze Mimi genoemd wilde worden omdat ze pas vijfenveertig was en het gênant vond om al grootmoeder te zijn, of omdat Mimi meer op 'mama' leek dan 'oma'.

Mijn moeder kwam elke dag uren bij ons. Ik hoefde bijna niets te doen, en als ik iets deed keek ze met argusogen toe. 'Pas op met zijn hoofdje, Beverly, en let op de zachte plek. Zijn nek is nog niet sterk, hij kan breken... Je kunt hem beter op zijn buik leggen; stel dat hij overgeeft, dan kan hij stikken als hij op zijn rug ligt.'

Toen ze ook mijn dikke tante Alma meebracht, had ik er genoeg van. Ze zetten een pot koffie, haalden een Entenmanns'-koffiecake uit de verpakking en vertelden in detail over de babytijd van al hun kinderen. 'Jerry had buikkrampjes, die hield me een halfjaar lang 's nachts op, maar Willie, de lieverd, sliep vanaf de eerste nacht acht uur aan een stuk.'

'Net als Beverly. Jij was een modelbaby. Gaf nooit een kik. Sliep als een roos. Je hebt geluk dat Jason ook zo is. Je hebt geen idee. Je broer... Elke nacht prijs. Maar ik vond het niet erg. Je gaat je hechten. Wacht maar.'

Op een dag, rond dezelfde tijd dat ik voor het eerst de winter in de lucht rook, zat ik aan tafel met mijn moeder, mijn tante en Jason in zijn kleine stoeltje op de tafel. Ik zag mijn tante een cakekruimel tussen haar vette vingers rollen en kon hen geen minuut langer verdragen. 'Ik ga met Jason naar de bibliotheek.'

'Dat kun je niet doen,' zei mijn moeder. 'Je kunt een baby niet mee naar buiten nemen voor hij al zijn inentingen heeft gehad.'

'Je zei dat het na zes weken kon. Ik word hier gek.'

'Ga jij dan. Ik let wel op hem.'

'Nee.'

'Je kunt hem niet meenemen, punt uit.'

'Hij is míjn kind.'

'Het is erg winderig,' zei mijn tante. 'Misschien raakt hij wel buiten adem.' Ze haalde haar schouders op en beet op haar lip.

Ik negeerde haar, deed Jason een jasje aan en een mutsje op, vouwde een dekentje in een driehoek en wikkelde hem erin.

In de bibliotheek zocht ik *David Copperfield* en toen ik terugkwam, was mijn moeder haar status als de grote babydeskundige kwijt. Ik nodigde elke avond mijn vriendinnen uit. Virginia reisde heen en weer naar de universiteit. De anderen hadden een baan, behalve Fay, die zwanger was en nog steeds in New London woonde. Ik had medelijden met Fay, maar ik beschouwde het als mijn plicht haar niet te bedriegen en haar de waarheid te vertellen over de verschrikkingen van bevallen toen ze op bezoek kwam. 'Het doet ontzettend veel pijn,' zei ik tegen Fay, Beatrice en Virginia toen we op een avond koffiedronken in de keuken. 'Die onzin dat het zo'n wonder is, is alleen maar propaganda. Ik zal nooit, wat er ook gebeurt, een tweede kind nemen, zolang ik leef. En Jason? Hij is oké. Ik hou van hem, maar het is niet zoals je denkt. Het lijkt meer op wat je voor een verwaarloosde puppy voelt die je op straat hebt gevonden.'

Als mijn vriendinnen er waren, stak ik graag de draak met Jason. Ik trok zijn kleren uit, legde hem op zijn commode en imiteerde Diana Ross in mijn 'Love Child'-act. *'Started his life in an old cold run-down tenement slum... love child, always second best, love child, different from the rest.'* Ik wiegde met mijn heupen, draaide om mijn as en wees naar hem op het ritme.

Als we te hard lachten, riep Raymond uit de woonkamer dat we zachter moesten doen.

Toen het winter werd, werkte Raymond van vier tot twaalf zodat ik elke avond alleen was. En bijna elke avond kwam Virginia langs om me gezelschap te houden als ze haar studieopdrachten af had. Ze gaf me al haar boeken te lezen als ze ermee klaar was, zoals *Het ego en het id* van Psychology 101, en Hemingway, Fitzgerald en boeken van Ford Madox Ford van een cursus 'Jazz Age'. Ik werd lid van de letterkundige vereniging en leende nog vier boeken van Hemingway, vier van Steinbeck en vier van Faulkner, die ik las als Jase een slaapje deed of als ik hem een tijdje rustig kon houden in zijn box. Ik probeerde iets op te steken ter compensatie van het feit dat ik niet studeerde.

Wat V en ik het liefst deden, behalve over haar colleges praten, was het *ouija*-bord raadplegen. Meestal stelden we vragen als: of ik ooit zou scheiden, wanneer Raymond zou sterven, of Jason zou studeren, wanneer Bobby en Virginia gingen trouwen, hoeveel kinderen ze zouden krijgen en of Bobby heelhuids uit Vietnam zou terugkomen. Toen maakten we op een avond contact met een geest. Haar naam was Nancy en ze vertelde ons haar levensgeschiedenis: ze was gestorven toen ze achttien was, had drie broers die nog leefden en een zus die dood was; ze had ergens in Michigan gewoond en was een middelmatige leerling op de middelbare school. We voerden een paar avonden een gesprek met Nancy en toen werd ze ineens vals.

Het was net lente en zo'n nacht zonder maan waarin lichte briesjes de gordijnen lieten opwaaien, zodat de ramen een zwarte opening werden waar iemand door naar binnen kon kijken. Eerst waren we een beetje angstig, maar toen de magische wijzer over het bord begon te schokken en schuttingtaal spelde, was ik bang dat mijn hart uit mijn borstkas zou vliegen. 'Nancy, ben jij dat?' vroeg ik.

Godverdomme, kutwijf, rotwijf, lul.

'Waarom scheld je?' vroeg Virginia.

Vuile kut, tuig, klootzak.

Toen hoorden we achter ons een knal. Met een ruk trokken we onze handen van de magische wijzer. Het rek met keukengerei hing zwaaiend aan een schroef in de muur en al het gerei lag verspreid over de vloer.

We liepen naar de muur om het van dichtbij te bekijken. Dit is wat we zagen: het rek was zo gemaakt dat je het moest samendrukken om de oogjes over de schroeven te plaatsen. De enige manier waarop het daar nu zo kon hangen was als er een schroef uit de muur was gevallen of als iemand het rek had samengedrukt en half los had getrokken. Beide schroeven zaten nog in de muur.

V en ik keken elkaar aan, begonnen te gillen, renden naar boven en sloten ons op in de badkamer. We gingen op de grond zitten met onze rug tegen de deur. 'Jason ligt alleen,' zei V.

'O, god,' zei ik. 'We moeten naar hem toe.' We renden op onze tenen door de gang naar zijn kamer, deden de deur op slot en keken in zijn bedje. Hij lag op zijn rug. Zijn ogen waren wijd open en alleen het wit was te zien.

We renden terug naar de badkamer. 'Hij is bezeten,' zei ik.

'O, Maria, moeder Gods.' V was mijn enige gelovige vriendin. Ze ging elke ochtend naar de kerk – ze zei dat ze dat deed voor de rust en de stilte, maar ik wist dat ze waarschijnlijk voor Bobby bad. Toen hoorden we gestommel bij de voordeur. We hielden onze adem in. We hoorden gestommel bij de achterdeur; het kelderluik werd opengetrokken, toen voetstappen op de trap. Toen de deur van de kelder naar de woonkamer openging, huilden we van angst. 'Bev,' hoorde ik. Het was Raymond. Hij was zijn sleutels kwijt.

We renden naar beneden en vertelden hem alles. Hij keek naar de baby en zei dat zijn ogen er normaal uitzagen. Toen keek ik ook, en hij had gelijk.

Virginia was te bang om naar huis te rijden en bleef op de bank slapen. De volgende avond was ze weer in onze keuken. 'Nancy ging door het lint vanwege Bobby,' zei ze. 'Hij is dood.'

'Wat?'

'Granaatscherven. Ze zeiden dat hij niets gevoeld heeft. Zijn moeder belde. Het duurt een paar dagen voor zijn lichaam hier is.'

'Je maakt een geintje,' zei ik.

'Inderdaad. Ik verzin maar wat. Het is een grap.'

'Het spijt me. Ik wilde niet...' zei ik.

Virginia begon te huilen. Ik had geen flauw benul wat ik moest zeggen. Ik wilde dat ik ook kon huilen. Ik omhelsde haar en we wiegden heen en weer, de ruimte tussen onze stoelen overbruggend. Toen Ray thuiskwam, ging hij in de schommelstoel zitten om zijn werkschoenen uit te trekken en we vertelden hem het nieuws. Hij smeet een schoen over de vloer, drukte de muizen van zijn handen tegen zijn ogen en zei: 'Mijn maat. Mijn maat.'

De avond voor de begrafenis legden Ray en ik Jase niet om zes uur in bed, zoals gewoonlijk. We zaten op de veranda en Jason, acht maanden inmiddels, speelde aan onze voeten met een kipkar. We zetten het *White Album* op en, een voor een, alsof ze waren uitgenodigd, parkeerden er mensen op onze oprit en de straat. We waren ongeveer met z'n twaalven en zaten op onze veranda of lagen in het gras, luisterend naar de Beatles en herinneringen ophalend aan Bobby. Hij had met mij op de Dag-Hammarskjold gezeten en was verantwoordelijk geweest voor de reeks bommeldingen tijdens een ijskoude herfst. De hele school moest buiten staan terwijl de politie elke kluis en lessenaar in het gebouw doorzocht. Een zekere Lenny gooide een peuk weg en vertelde ons hoe hij op zijn beurt stond te wachten bij het kantoor van de conrector, toen Bobby de conrector voor aap uitschold en hem neersloeg. Bobby werd daarvoor geschorst. Liever dan zijn vader onder ogen te komen vluchtte hij naar Maine, waar hij ernstige bevriezing opliep. Maar op de middelbare school was hij bij het footballteam gegaan en hij had meer touchdowns gescoord dan wie ook. Zijn vader was trots op hem. Virginia's theorie was dan ook dat hij daarom bij de marine was gegaan: zodat zijn vader trots op hem zou blijven.

Op verlof van het opleidingskamp was Bobby op zondag komen eten. Hij at maar een paar happen macaroni en dronk toen zoveel dat hij in de woonkamer begon te kotsen. Toen hij zijn gezicht had gewassen en weer beneden was, vroeg ik of hij bang was om te moeten vechten in de oorlog.

'Bev,' zei Ray.

'Zulke vragen stel je niet.'

'O,' zei ik, en Bobby wendde zijn gezicht af.

Zittend op de trap van de veranda stelde ik me Bobby voor zoals hij eruit had gezien op mijn bruiloft, in een overhemd met enorme noppen en een kastanjebruine broek met wijde pijpen. Toen dacht ik aan de foto die hij me uit Vietnam had gestuurd. Hij had een geweer over zijn schouder hangen en zijn haar was geknipt in de stijl van een Mohikaan. Hij stond op een heuvel en zag eruit als een standbeeld. Ik vroeg me af of ik me Bobby nog zou herinneren als ik dertig of veertig was. Dan zou ik volwassen zijn, maar in mijn herinnering zou hij nog een jongen zijn. Ik vroeg me af of Bobby altijd wild zou zijn gebleven of tot rust zou zijn gekomen, met een vaste baan, een paar kinderen, een kaal hoofd, een bierbuik. Ik vroeg me af of Bobby geluk had gehad. Ik keek naar de nek van mijn zoon; hij lag op het gras te slapen. Zijn nekje zag er zo kwetsbaar uit, zo teer. Ten slotte moest ik huilen.

'Blackbird' speelde op de achtergrond, en ik dacht eraan dat Bobby nooit de kans zou krijgen om zijn vleugels te spreiden en te leren vliegen. Ik vroeg me af of iemand van ons die kans wel zou krijgen.

Hoofdstuk 6

EEN JAAR DAARNa – in juni 1970, om precies te zijn – aan het eind van de meest fantastische lente van mijn jeugd, als je negentien nog bij jeugd mag rekenen – brak mijn hart.

Wat me de das omdeed, de ware trap na, was dat ik gelukkig was. Echt gelukkig. Ons huwelijk was goed omdat marihuana ons leven had veranderd. Niet alleen gingen Ray en ik anders gekleed – we droegen allebei dag en nacht een zonnebril (die we zonnekleppen noemden) en spijkerbroeken met wijde pijpen die zo lang waren dat ze over de grond sleepten en van onder gerafeld waren – maar we hadden een droom: in *Easy Rider* te leven. Raymond had zelfs duizend dollar van de kredietvereniging geleend om een Harley Davidson te kopen en speelde het vervolgens klaar om tijdelijk ontslagen te worden, zodat we samen konden zijn en een werkloosheidsuitkering kregen. Hij was ook bevriend geraakt met een stel jongens van de Animal Pack, de plaatselijke motorbende. Ik vond de Animals niet zo bijzonder – ze konden uiteraard niet tippen aan Peter Fonda en Dennis Hopper – maar het ging erom dat ik weer droomde. Je had Californië, je had communes, je had vrije liefde voor getrouwde stellen. Om maar te zwijgen over hoe mooi de wereld eruitzag, in de lente onder invloed van drugs. Ik begon gedichten te schrijven.

Mijn moeder dacht dat ik in chaos leefde. Ik had mijn onafhankelijkheid herwonnen. Ik was anders dan zij. Wat maakte het uit of ik ongeorganiseerd en slordig was, ik was creatief en een denker. 'Jason,' zei ze toen hij op anderhalfjarige leeftijd zijn vinger in zijn neus stak. 'Haal je vinger uit je neus.'

'Laat hem met rust, ma.'

'Wat, wil je hem niet eens manieren bijbrengen?'

'Als iedereen in zijn neus peuterde als-ie daar zin in had, zou iedereen een stuk gelukkiger zijn. Jij peutert in je neus, ik peuter in mijn neus, iedereen peutert in zijn neus, dus waarom zou je dat verbergen? We zijn verpest door de beschaving.'

'Bedoel je dat ik jou in je neus had moeten laten peuteren?'

'Ja.'

'Eerlijk, Beverly, ik weet niet van wie je dat hebt.'

En mijn vader, die nooit traag van begrip was als het op detectivewerk aankwam, wierp een blik op de auto's die op elk uur van de dag op onze oprit verschenen en wist precies wat er in ons huis gebeurde. Hij weigerde er een voet binnen te zetten. Wat wij prima vonden, aangezien hij bij de politie zat en wij illegale drugs gebruikten.

Raymond had eindelijk vrienden, dus in plaats van alleen in de woonkamer te zitten en niet mee te scrabbelen in de keuken met mijn vriendinnen omdat hij zich te stom voelde, had hij vrienden om mee uit te gaan. Bovendien, hij had lang haar en een baard en was knap. Soms, als we bezoek hadden, zat ik tegenover hem in een minirok en zag ik hoe hij naar me keek, dan wilde ik het liefst vanwaar ik zat met een sprong boven op hem belanden.

Het was bijna alsof Ray en ik niet gebonden waren. Het leven was verrukkelijk. De ene avond ging ik uit met vriendinnen en dan paste Raymond op de baby. De volgende avond ging Raymond uit met zijn vrienden en paste ik op. Mijn vriendinnen en ik reden door de stad en rookten fantastische rode wiet uit Vietnam. De lucht die door onze ramen binnenkwam rook naar vochtige aarde. Vol verwondering zagen we elk blaadje aan de bomen apart op en neer bewegen. We plasten in maïsvelden en renden door sproeiers op golfbanen.

Ik werd zelfs verliefd die lente. Hij heette Peter Dodd. Raymond had hem bij de Crystal Spa ontmoet en had me verteld over die jongen die zijn teen eraf had geschoten in Vietnam om naar huis gestuurd te worden, wat hem in onze ogen een held maakte, omdat we de oorlog onzin vonden. Peter miste niet alleen een teen, hij was ook geboren met maar één bal. Ik was verliefd nog voor ik hem ooit had gezien, en koppelde hem toen aan Beatrice. Hij was lang en mager, en reed een schoolbus. Hij schreef songteksten. Soms parkeerde hij zijn gele bus in mijn voortuin, en dan zaten we in de keuken met toast en koffie, Jason op Peters schoot. We spraken over mensen. Ik las hem mijn gedichten voor, die heel kort waren. *Citroengele dagen alleen en verloren. Wat zal er in het donker gebeuren?* Dat was er een. *Spring hoog. Spring laag. Waarheen te gaan? Dat is de vraag*. Dat was er nog een. Soms, 's avonds met Raymond, zong Peter zijn liedjes voor ons en las ik mijn gedichten voor. Ik had een beetje medelijden met Raymond omdat hij meestal alleen maar luisterde, maar hij scheen het niet erg te vinden. Hij dutte weg in de schommelstoel en ik keek naar Peter als hij zich met zijn lange benen geen raad wist terwijl we een joint doorgaven, en Peter lachte om wat ik zei. Vaak bleven we praten tot het licht werd. Ik keek naar Raymond, inmiddels in slaap in de schommelstoel, en voelde tederheid.

Dat slapen in de schommelstoel was het eerste teken van het probleem. Of het eerste teken dat me opviel van het probleem. Raymond had de gewoonte aangenomen om uren achtereen met zijn ogen dicht in de schommelstoel te liggen, terwijl hij aan zijn neus krabde, die ontveld raakte van al die wrijving, en knikkebolde met zijn hoofd op zijn borst. Omdat het vaak gebeurde als we wiet rookten, dacht ik dat Raymonds hersenen misschien beschadigd waren geraakt. Maar omdat ik zo gelukkig was, schonk ik er niet veel aandacht aan – tot op een avond.

Beatrice en ik waren naar het Coleman Brothers-festival gegaan en ik had Ray thuisgelaten om te babysitten en dacht dat er wel wat vrienden van hem zouden komen. Van kindsbeen af was ik dol op de kermis. Ik had toen ik klein was een vriendin, Joannie Devon, die alleen met haar moeder boven aan een gammele slecht verlichte trap in een armoedig appartement woonde. Het gerucht ging dat haar moeder een affaire had gehad met een kermisjongen die uit de stad vertrokken was en haar zwanger van Joannie achterliet. Joannie was erg arm, maar een uitzonderlijke schoonheid. En zelfs als klein meisje wist ik, hoewel ik het niet onder woorden kon brengen, dat Joannie het helemaal was. Er was iets in de manier waarop ze keek, bewoog en glimlachte dat ik puur vond. Met andere woorden, als de Maagd Maria aan iemand zou verschijnen, zou het aan Joannie zijn. We verhuisden uit ons eerste huis en ik raakte het contact met haar kwijt. Maar ik herinnerde me haar elke keer als de Coleman Brothers in de stad waren. Dan keek ik naar al die kermisklanten met getatoeëerde armen en stemmen die je uitdaagden, en vroeg me af wie van hen Joannie Devon, de engel, had verwekt.

Beatrice en ik blowden wat en gingen toen in het Ferrisrad. Toen zagen we een trailer met reclame voor een Siamese tweeling. Binnen waren twee jongens van ongeveer mijn leeftijd die met de heup aan elkaar vastzaten. Ze zaten rug aan rug naar dezelfde serie op verschillende tv's te kijken. Op het roze gedrukte briefje dat we bij de deur kregen stond dat ze zo geboren waren en dat hun ouders hen op de kermis hadden gezet om hun studie te kunnen betalen. De tweeling zat daar maar met hun ogen op de tv gericht, alsof ze er geen notie van hadden dat er honderden mensen achter een touw door hun woonkamer liepen om hen aan te gapen. Ik voelde me toen ik die tweeling had gezien zo verdrietig dat ik wel kon janken. De tweeling zou nooit studeren, wist ik. Ik kwam op het idee dat ik er de volgende dag misschien langs kon gaan, heel vroeg, voor de kermis begon, en vrienden met ze zou worden. Echt met ze praten, over boeken misschien. Ik zei er niets over tegen Beatrice. Ik zei alleen dat ik me somber voelde. Zij zei: 'Ik ook.'

We reden terug naar mijn huis, waar Peter Dodd misschien nog langs zou komen.

De pick-up van Ocho Perez stond op de oprit, wat betekende dat sommige jongens van de Animal Pack waarschijnlijk bij Raymond waren.

Toen we binnenkwamen, zat Raymond in de schommelstoel en drie jongens gekleed in zwart en blauw zaten naast elkaar op de bank. Ik kende alleen Ocho Perez, die in het midden zat met zijn duimen achter zijn riem, zijn hoofd op zijn borst, ingedut net als de rest. Raymond hoorde de hordeur dichtslaan, richtte zijn hoofd op, opende zijn ogen, had tijd nodig om zijn blik scherp te stellen en keek knipperend naar de tv. Daarop flitsten alleen zilveren spikkels. 'Hé, man,' zei hij. 'Waarom zet niemand een andere zender op?'

'Waarom zet jij geen andere zender op, man?' zei Ocho toen hij zijn hoofd ook had opgericht.

'Dit is mijn huis, man. Mijn tv. Als jij wilt kijken, zet jij een andere zender op.'

'Jezus,' zei ik, omdat ik het gênant vond dat Raymond zo grof was. 'Welke zender willen jullie? Ik zet hem wel op.'

'Shit, Bev,' zei Ray. 'Ben je terug?'

Ik fluisterde tegen Beatrice in de keuken dat ik dacht dat Raymond achterlijk werd van de wiet.

'Denk je dat dat kan?' vroeg Beatrice.

'Ik weet het niet. Misschien. Maar ze zijn allemaal zo. Moet je ze zien.'

'Misschien zijn ze alleen maar moe,' zei ze.

'Ik zou niet weten waarvan. Ze werken geen van allen.'

'Welke show is dat?' vroeg een van de jongens.

'Ik weet het niet,' zei Raymond.

'Is dat niet Clint Eastwood?'

'Shit, man,' zei Ocho. 'Als dat Clint Eastwood is, ben ik John Wayne.'

'John Wayne?' zei Raymond schamper. 'Wat dacht je van Sal Mineo?' Ocho was klein, donker en Porto Ricaans, ongeveer de enige in de stad.

'Dat is Clint Eastwood niet, man. Dat is hoe heet-ie ook weer,' zei de andere jongen. 'Je weet wel, man. *The Rifleman*.'

'Dat was een goeie serie,' zei Raymond.

'Verrotte slecht,' zei Ocho.

Ik rolde met mijn ogen naar Beatrice.

Peter Dodd kwam door de voordeur, en Raymond zei: 'Pete, jongen.' De jongens op de bank keken alleen maar.

'Hé, Ray, hoe gaat-ie?' zei Pete. 'Bev, Beatrice.' Hij glimlachte en liep naar de keuken. De jongens op de bank kenden Pete blijkbaar niet of mochten hem niet, en vice versa. Dat gaf me een ongemakkelijk gevoel.

Ik besloot dat het tijd was dat Raymond werk vond en niet meer met de Animal Pack omging.

De volgende dag stelde ik voor dat hij probeerde een parttime baantje te vinden, misschien zwart, zodat hij toch nog een uitkering kreeg, en ik zei dat de motor waar we zo naar uitkeken wel erg lang op zich liet wachten. Rays verslagen over hoe het met de motor zat gingen als volgt: eerst wist de jongen in kwestie toch niet zeker of hij hem wel wilde verkopen; toen besloot Raymond dat de jongen de uitlaat moest repareren voor we ook maar iets betaalden; toen reed de jongen de voorbumper in elkaar en had geen geld om hem te repareren enzovoort, enzovoort. Ik zei tegen Ray dat we de gelegenheid moesten benutten om wat geld opzij te leggen voor onze reis door Amerika.

Tot mijn verbazing was Raymond het met me eens en ging hij bijna elke dag op zoek naar werk. Er was niets aan om geen auto te hebben en het was slaapverwekkend om weer alleen thuis te zitten met Jason. Je kon maar beperkte dingen met zo'n klein jongetje doen. We dansten op *Sgt. Pepper*, het *White Album*, *Abbey Road*. Ik lag op de vloer en hij zat op mijn buik. Ik kneedde zijn gezicht alsof zijn huid van klei was. Hij raakte met zijn vinger mijn oog aan en zei: 'Neus.' Ik zei: 'Oog.' We speelden Ini Mini Spinnetje, Tien Kleine Teentjes, Handjeklap. Hij probeerde mee te zingen. Ik boog mijn knieën, zette hem op mijn voeten en tilde hem hoog op als een acrobaat, waardoor hij moest lachen en vooroverviel, en ik ving hem op. Als Jason wakker was, zat hij de helft van de tijd op mijn schoot. Als hij sliep, las en herlas ik *Rebecca* en droomde over het leven op een landgoed, zonder kinderen, met alleen een huishoudster die elke morgen mijn bad liet vollopen terwijl ik aan mijn bureau zat en met een gouden vulpen brieven beantwoordde.

Toen ging Ray op een dag rond twaalf uur weg, zoals gewoonlijk, en kwam pas om negen uur 's avonds terug. Ik was een beetje ongerust, maar vooral verveelde ik me dood en had zo'n zin in een Dairy-Queenijshoorn dat ik dacht dat ik gek werd. Natuurlijk was het onmogelijk ijs te halen zonder auto of babyoppas, en terwijl ik naar de klok keek, die millimeter voor millimeter vooruitkroop en het almaar later werd, terwijl ik visioenen had van die vanillehoorn met chocoladesnippers werd ik woedend. Ik was buiten mezelf. Dit was niet de eerste keer dat hij te laat voor het eten was de afgelopen tijd, en altijd met een of andere rotsmoes zoals een lekke band. Ik was zo kwaad dat ik niet stil kon zitten. Ik bladerde door een oude *Life* waar foto's in stonden van alle soldaten die die week waren omgekomen, maar ik kon me niet concentreren. Ik ging op de veranda aan de voorkant zitten, maar de Lelijkerds waren aan hun kant van de tuin aan het planten, dus ging ik terug naar binnen en doorzocht onze platen. Ik pakte de Jefferson Airplane-lp die Raymond had gekocht. We hadden afgesproken dat we niets zouden kopen omdat we te weinig geld hadden. Ik zei in mijzelf: 'Raymond, ik dacht dat we een afspraak hadden.'

'Ik heb hem niet gekocht. Ik heb hem van Ocho gekregen.'

'Heeft hij je een splinternieuwe lp gegeven?' Het cellofaan zat er nog om.

'Het was een cadeau,' zei hij in mijn gedachten. Later vond ik een bon van Spinner Records in zijn zak. Er waren nog meer lp's: Jimi Hendrix, The Who, Led Zeppelin, maar die waren al gedraaid. Gaf Ocho Perez die echt alleen maar aan Raymond uit de goedheid van zijn hart?

Die gedachten waren olie op het vuur, dus toen Ray eindelijk aan kwam rijden, was ik razend. Ik rende naar de deur en deed hem op slot.

Ray sloeg het raam in met zijn vuist om het open te maken.

Ik dacht aan de Lelijkerds die buiten stonden te kijken en zou gegiecheld hebben als ik niet zo hels was geweest. Ik beende naar de keuken en gaf Raymond een veger en blik. Hij pakte het aan en begon glas op te vegen, tot hij besefte waar hij mee bezig was en de veger liet vallen alsof hij zich gebrand had. 'Niet te geloven. Je sluit me buiten mijn eigen huis. Mijn hand bloedt, godverdomme. Dan geef je mij een veger om het glas op te vegen? Je bent een kreng, weet je dat?'

'Waar was je, Raymond?' zei ik, vastbesloten geen woord te geloven.

'Wat is dit, de inquisitie?'

'Laat me raden. Je hebt een hond aangereden en moest ermee naar de dierenarts.'

'Dit hoef ik niet te pikken.' Hij draaide zich om en vertrok.

Waarom kreeg hij de auto altijd? Was die niet van ons allebei? Ik was woedend op mezelf dat ik niet als eerste was weggelopen. Dan had ik ijs kunnen halen en dan naar Beatrice kunnen gaan.

Vanaf het moment dat Ray was vertrokken tot het moment dat hij om middernacht binnenkwam, had de combinatie van honger, verveling en frustratie mijn hoofd helder gemaakt. Ik wist als een helderziende dat Raymond de afgelopen weken niet op zoek naar werk was geweest en waarschijnlijk elke dag van de wereld was. Ik besloot als Raymond terugkwam kalm met hem te praten; dan zou hij me misschien de waarheid vertellen.

Toen Raymond thuiskwam, liep hij tegen de poef aan en zakte toen in de schommelstoel. 'Je raadt nooit wie ik vanavond heb gesproken,' zei hij.

'Moet je horen, Raymond,' zei ik. 'Het kan me niet schelen als je geen werk krijgt. Ik heb zitten denken dat ik liever heb dat je thuis bent. Maar je hebt me voorgelogen, hè?'

'Je oude vriendje, Robby Costa...'

Ik zweeg abrupt. Robby Costa was de eerste jongen die ik gezoend had. Ik zat in de tweede klas van de middelbare school en we zoenden in een hangmat, en toen we de volgende dag gingen wandelen, hield hij mijn hand vast en wreef met zijn middelvinger over mijn palm. Ik werd er misselijk van en ging nooit meer met hem mee. 'Robby Costa was mijn vriendje niet,' zei ik.

'Dat is niet wat hij zegt. Hij zegt: "Die vrouw van je is een lekker stuk." '

Ik keek hem alleen maar aan.

'Hoe moet ik me voelen als een of andere gozer me vertelt dat mijn vrouw een lekker stuk is? Daarom ben ik doorgezakt.'

'Dit verzin je.'

'Was je echt maagd of heb je gelogen?'

Ik gooide het eerste dat voor het grijpen lag, wat toevallig Jasons hamertje-tik met staafjes in verschillende kleuren was. Ik mikte zo hard als ik kon naar Rays hoofd. Hij weerde af met zijn arm.

'Wil je beweren dat ik geen maagd was?' Ik schreeuwde.

'Ik wil alleen weten hoe je denkt dat ik me voel.'

'Hoe jij je vóélt?' Ik gooide de inhoud van Jasons speelgoeddoos naar hem, stukje voor stukje. Raymond deed zijn best alles te ontwijken. 'Ik was verdomme maagd toen ik met je naar bed ging en zwanger werd en mijn leven naar de klote hielp. Vuile klootzak! Hoe durf je binnen te komen en mij te vertellen dat een of andere godvergeten debiele hufter tegen jou gezegd heeft dat ik niet deug? Waarom heb je hem niet in elkaar geslagen? Je bent een lafaard, en nog achterlijk ook. Ik had er beter een eind aan kunnen maken dan met jou te trouwen.' Ik huilde onbedaarlijk. Ik bewerkte hem met mijn vuisten. Hij stond tegen de muur en weerde me af. 'Jezus, Beverly,' zei hij. 'Het spijt me. Het spijt me. Ik wist niet dat je zo kwaad zou worden.' Ik kon hem wel in elkaar slaan, aan stukken scheuren, met mijn blote handen vermoorden, maar hij zag er echt schuldbewust uit, en bang. Ik rende de deur uit en scheurde weg in de auto. Om de kilometer moest ik stoppen omdat ik zo huilde dat ik niks zag. Ik besloot zelfmoord te plegen en reed rond op zoek naar de juiste plek.

Die vond ik bij het oude reservoir. Een enorme eik. Maar toen dacht ik: stel dat ik de auto ertegenaan ram en hem alleen maar total loss rijd, dan hebben we geen vervoer en kunnen ze me arresteren, en mijn vader zou me vermoorden. Toen dacht ik: en Jason? Wil ik dat hij wordt opgevoed door Raymond? Dat hij dubbele ontkenningen gebruikt als hij praat? Raymond zou hem waarschijnlijk niet eens opvoeden. Hij zou hem bij mijn ouders onderbrengen, of – nog erger – bij zijn moeder. Ik stapte uit de auto, leunde tegen de boom, gleed omlaag en bleef aan de voet zitten met mijn rug tegen de stam. Raymond was natuurlijk over Robby Costa begonnen om de schuld van zichzelf af te leiden omdat hij geen werk zocht en loog en ik was erin getrapt. Maar dat Raymond zo laaghartig was dat hij me ervan beschuldigde dat ik geen maagd was geweest, terwijl ik door seks met hem mijn leven had verpest, was onvergeeflijk.

Het begon licht te worden toen ik in bed stapte.

'Schat?' zei hij.

Ik gaf geen antwoord.

'Het spijt me.'

Ik negeerde hem.

'Ik weet dat je nog maagd was.'

Stilte.

'Ik weet niet waarom ik dat zei. Ik ben een mislukkeling. Ik deug niet. Ik zou het je niet kwalijk nemen als je van me zou scheiden.'

'Je bent inderdaad een mislukkeling.'

'Je haat me.'

Stilte.

'Bev?'

'Oké. Oké. Oké. Ik haat je niet – mag ik nu gaan slapen?

En sta jij op met Jason?' Raymond viel meteen weer in slaap. Ik inspecteerde zijn armen op littekens van de naald, maar vond er geen.

Toen ik 's middags opstond, zag Raymond eruit als een lijk, en Jason ook. Jasons voorhoofd was warm, en ik nam zijn temperatuur op. Ik gaf Raymond ons laatste geld – vijf dollar, tot hij over een paar dagen zijn werkloosheidsuitkering kreeg – om wat kinderaspirine en sinaasappelsap te halen. Dat was om twaalf uur. Om vier uur was hij nog niet terug, wat ik een reden voor moord vond, maar Raymond was niet zo'n schoft. Er moest iets ergs zijn gebeurd. Ik was ongerust. Ten slotte ging de telefoon. Het was mijn moeder. 'Bev, je vader heeft gebeld van het bureau. Hij heeft Raymond opgepakt,' zei ze.

Ik zag hem in gedachten geboeid in een cel.

Ze zei dat mijn vader Raymond mee naar huis zou nemen en dat hij me wilde spreken. Ze zou me ophalen.

Ik trok Jason zijn truitje aan. Zijn wangen waren rood. Jason zou als hij groot was zeggen: 'Mijn vader is een bajesklant.' In zekere zin was het Jasons schuld. Hij had nooit geboren mogen worden. Ik drukte hem tegen me aan en voelde zijn warme gezichtje tegen mijn hals en zijn handjes die mijn schouders vasthielden terwijl ik op mijn moeder wachtte. Toen ik het huis uit liep, schoof ze in de passagiersstoel, zodat ik kon rijden en zij Jason kon vasthouden. 'Arme schat,' zei ze, terwijl ze zijn muts afdeed en zijn haar uit zijn gezicht streek. 'Ga je mee naar Mimi? Ik heb kippensoep gemaakt. We doen er *pastina* in, dat lust je zo graag. Arm kindje. Het is zo akelig als je keelpijn hebt.'

'Ma, wat denk je dat er aan de hand is?'

'Ik heb geen idee.'

Waarom was ze zo bezorgd om Jason en niet om mij?

Ik liet Jase bij mijn moeder achter en liep de keldertrap af naar de hobbyruimte waar Ray en mijn vader in een stoel zaten zonder iets te zeggen. Ik ging op de bank zitten en mijn vader knikte naar Raymond. 'Hij wil je iets vertellen,' zei hij.

Raymond staarde naar mijn knieën en zei: 'Ik heb het geld

voor Jases aspirine aan dope besteed. Mijn zoon is ziek, en ik heb het geld aan drugs uitgegeven.'

'Wat voor drugs?'

'Heroïne.'

'Ben je verslaafd?'

Hij knikte. 'Ik ben naar je vader gegaan om hulp. Ik ben slecht, Beverly.'

'Ben je naar het politiebureau gegaan?'

'Hij wilde met me praten. Hij is ziek, Bev,' zei mijn vader.

'Waar zijn de littekens?' Hij liet de binnenkant van zijn onderarm zien en ik zag een paars litteken in de elleboogholte van zijn linkerarm. Ik had op zijn rechterarm gezocht.

'We gaan hem helpen ervanaf te komen,' zei mijn vader.

Ik merkte dat ik licht hijgde. Het enige dat ik dacht was: dit is manipulatie van een lafaard. Hij was bang om me alleen onder ogen te komen, daarom heeft hij bescherming bij mijn vader gezocht. Hoe zou ik kwaad op hem kunnen worden als de vertegenwoordiger van de wet, mijn eigen vader, aan zijn kant stond? En waarom nam mijn vader het trouwens voor hem op? Hoe zat het met die keer dat hij me naar het bureau had geroepen en een stomme zak geloofd had in plaats van mij? Me probeerde te laten bekennen dat ik had gedronken? Me gedreigd had met een leugendetector? Wat was dit eigenlijk? Jongens tegen meisjes?

'Hoe?' vroeg ik.

'Ze hebben een afkickprogramma in het ziekenhuis in Meriden. Misschien kan hij daar terecht. Hij moet ook stoppen met die marihuana. Geen drank. Hij moet aan het werk. Bezig zijn.'

'En ik, pap? Wat ga je doen om mij te helpen?' wilde ik zeggen, maar dat zou ik nooit doen. Ik had nog nooit in mijn leven de moed gehad om tegen mijn vader te zeggen wat ik op mijn hart had.

Tijdens de rit naar huis opende Ray het dashboardkastje, haalde zijn harmonicakoker te voorschijn en zei: 'Maak open.' Er zat een injectienaald in. 'Daar bewaar ik mijn spullen in.

Weet je wel, die riem die in de badkamer hangt? Die gebruikte ik om af te binden.' Ik zag in gedachten zijn vrienden een voor een naar de badkamer gaan en er lang over doen om te pissen. Ik zag mezelf rondrijden langs kronkelige wegen met mijn vriendinnen terwijl Raymond Jason in bed stopte en vervolgens een naald in zijn ader stak.

'De duizend dollar voor de Harley?' zei hij. 'Allemaal op.' Toen begon hij te huilen.

'Heb je die duizend dollar opgemaakt?!' Daar ging de droom.

'Ik had wat van die rode Panama gekocht. Ik deed samen met Cal, en die klootzak heeft me geript. Hij beweerde dat iemand het heeft gestolen. Ik ben een mislukkeling, Bev.'

Je meent het.

Hij vertelde me dat hij in het begin genoeg had aan vijf dollar. Maar toen had hij meer nodig. Hij ging inbreken. Hij stal geld en tv's, een paar stereo's. Ik zag mezelf en mijn vriendinnen jamcakejes eten in de keuken terwijl Raymond met een kous over zijn gezicht een raam binnenklom.

'Heb je lp's gestolen?'

Hij knikte.

'Al die dagen dat ik naar werk zocht? Drugs,' zei hij.

Ik stelde me Raymond voor op het strand met de Animal Pack, knikkebollend naast elkaar in het water.

'Het spijt me, Bev,' zei hij. 'Ik heb er een puinhoop van gemaakt.' Toen begon hij weer te huilen.

'Ik zal proberen je te helpen, Raymond,' zei ik, terwijl ik me tot op het bot verraden voelde en dacht: ik zal nooit meer een woord van je geloven. 'Ik zal het echt proberen. Maar nog één keer, nog één leugen, en dan is het voorbij.' Ik wenste half dat die ene keer zou komen.

'Ik zal niet liegen, Bev. Dat beloof ik.'

'Beloof het op Jasons leven.'

'Dat is niet wijs.'

'Wel waar. Zweer op Jasons leven dat je nooit meer zult liegen.'

‘Oké, dat zweer ik.’

‘Zeg het.’

‘Ik zweer op Jasons leven dat ik niet zal liegen.’

Raymond was niet lang genoeg aan de heroïne geweest om in een isoleercel te moeten, zoals in de film. Maar de volgende dag had hij de rillingen en een loopneus. Ik maakte Lipton-soep en deed er een rauw ei in. Ray lag te rillen onder een deken en nam kleine slokjes van zijn soep. Toen Beatrice belde dat ze langs wilde komen zei ik dat we ziek waren. Ray legde zijn voeten op mijn schoot en ik masseerde ze.

Ik dacht dat de eerste paar weken het moeilijkst zouden zijn, dus bleef ik dag en nacht bij hem. Ik hing de martelares uit, wat geen kunst is als je bent opgevoed door een Italiaanse moeder. Ik stopte ook met wiet en drank. Ik liet Raymond zelfs naar zijn tv-programma's kijken zonder op hem te vitten. We zetten Jase in zijn autostoeltje tussen ons in en reden door de stad terwijl we onze favoriete huizen uitkozen, naar koetje-boe's en paarden voor Jason wezen. Toen vond Ray werk als tuinier bij twee broers. Ik zette hem elke ochtend af en 's middags reed ik terug naar waar hij heggen stond te knippen of een gazon maaide of een kuil groef in de zon. We zaten onder een boom in het gras en aten de sandwiches die ik had klaargemaakt. We zeiden niet veel, en keken voornamelijk naar auto's die voorbijreden en Jason die paardenbloemen plukte.

Na een paar weken zei Ray: ‘Bev, ik bedoel er niets mee, maar de mannen vinden dat ik onder de plak zit. Misschien moet je me geen brood meer brengen.’ Twee weken later kwam Ray niet met geld thuis op betaaldag. Hij zei dat de broers niet betaald waren en hem daarom ook geen geld konden geven.

De week daarop kwam hij met hetzelfde verhaal.

De volgende week lag ik in het gras terwijl Jason kopjes volschepte en leeggooide in zijn plastic badje, toen de telefoon ging. Het was Virginia. Ze zei: ‘Bev, ik weet dat ik er niets mee te maken heb, maar ik geloof niet dat Ray zijn baan nog heeft.’

‘Hoe bedoel je?’

'Zijn auto staat bij de Crystal Spa. Gisteren ook. Zegt hij dat hij aan het werk was?'

Ik had niet genoeg adem om te antwoorden.

'Ik moet ophangen, V,' zei ik.

Ik wierp me op de bank en huilde tranen met tuiten. Toen herinnerde ik me Jase in zijn badje en hield even snel op als ik begonnen was. Uiteindelijk zou ik beter af zijn zonder Raymond. Wie zou ooit met hem hebben willen trouwen? Eigenlijk was het een zegen. Ik kon van hem scheiden en van alle blaam gezuiverd worden. Niemand zou mij ergens van beschuldigen. Als ik nog katholiek was, kon ik waarschijnlijk een nietigverklaring krijgen. Ik ging naar buiten en draaide de tuinslang open. Ik liet koud water over mijn gezicht stromen en liep terug naar Jason. Jase sloeg met zijn handjes op het water in zijn badje. 'Ik zet je vader het huis uit,' zei ik.

Jase ging staan en plonsde lachend weer neer.

'Dan heb je geen vader. Je zult gescheiden ouders hebben.'

Jason pakte een rood kopje en gooide het uit het badje; toen keek hij me aan. Ik spoot water naar een kat die zijn staart opzette en onder de dode struik vluchtte.

'We zullen geen geld hebben,' zei ik en bracht mijn gezicht dichter bij dat van Jason. 'We zullen geen eten hebben.' Ik drukte mijn gezicht bijna tegen het zijne en trok mijn neus op als een heks. 'We zullen sterven van de honger.'

'Nee,' zei Jason, terwijl hij zich omdraaide en probeerde uit het badje te klimmen. Hij gleed weer terug en begon te huilen. Ik begon te huilen. Ik ging in het bad zitten met mijn kleren aan. Jason zat op mijn schoot.

'Van nu af aan zijn we met z'n tweetjes,' zei ik.

Hoofdstuk 7

'DIT IS een onfortuinlijke situatie.' De jonge maatschappelijk werker met dikke brillenglazen en bolle wangen tikte met zijn potlood op mijn aanvraagformulier en glimlachte. 'Maar je zult niet lang in de bijstand zitten. Als je zoon oud genoeg is, vind je werk. Dat weet ik zeker. Helaas gaan sommige mensen bijstand beschouwen als een, eh, als een houvast.' Toen, om een of andere reden – hij verveelde zich, hij mocht me, hij hoorde zichzelf graag praten –, nam hij een uur de tijd om zijn cliëntenbestand en de problemen die hij tegenkwam te beschrijven: de totale onmacht om die mensen aan de slag te krijgen. De meerderheid, zei hij, bestond uit mensen uit Agua, Porto Rico, die bij hun familie in Meriden waren komen wonen en geen Engels spraken, niets konden, en geen zin hadden om te werken; en dan had je nog de vrouwen van mannen die, omdat ze werkloos waren, naar het zuiden van Maine waren vertrokken om werk te vinden in de fabriek. Als ze dan een baan hadden, verdienden ze zoveel dat ze ervan in de war raakten en verdronken ze het in de kroeg, waardoor ze uiteindelijk hopeloze alcoholisten werden die hun vrouwen sloegen. Vervolgens liepen die mannen om het een of ander weg, maar hun vrouwen bleven, en moesten, vermoed ik, ook naar deze man komen luisteren. Ik vroeg me af waar hij het met hen over had. Toen hij klaar was met zijn verhaal zei hij: 'Maar jij bent uiteraard anders.' Hij glimlachte opnieuw en knipoogde naar me. Toen ondertekende ik wat formulieren en kreeg te horen dat ik genoeg geld kon verwachten voor de huur, gas, licht en water, voedselbonnen, plus wat neerkwam op ongeveer vijf dollar zakgeld per week.

Ik stelde 's mans vertrouwen op prijs, maar toen ik jong was en fantaseerde dat ik ondervraagd werd, was het door Johnny Carson of Mev Griffin, niet door een maatschappelijk werker. Ik was teleurgesteld in mezelf, maar ik klaagde niet. Een week tevoren had ik gedacht dat ik misschien gedwongen zou zijn mijn ouders te vragen of Jase en ik bij hen konden wonen, terwijl zij niet genoeg ruimte hadden en mijn vader bovendien had gezegd: 'Als je eenmaal dit huis uit gaat, kun je niet meer terug', en ten slotte stierf ik nog liever dan me weer te moeten houden aan de huisregels van mijn ouders.

Ray had er echter geen moeite mee bij zijn moeder in te trekken. Toen ik hem de deur had gewezen, propte hij zijn kleren in twee kussenslopen, zei: 'Het is beter zo. Ik ben blij dat het voorbij is', en sloeg de deur achter zich dicht toen hij op weg ging naar zijn moeder. Kort daarop nam de bank zijn auto in beslag – voorheen ónze auto – en Ray belandde in het stadspark, waar hij van de wereld ging en tegen iedereen die het horen wilde huilde: 'Ik ben mijn auto kwijt. Ik ben mijn zoon kwijt. Ik ben mijn vrouw kwijt.' In die volgorde.

Ray ging de mist in. Het was een kwelling hem te zien. Als het hem lukte zich aan een afspraak te houden en Jason op te halen voor een uitje, stond hij aan de andere kant van de hordeur met een broek die op zijn heupen hing en een hals zo mager als van een geplukte kip. Hij verborg zijn ogen achter een zonnebril met spiegelglazen. Hij klonk traag van de heroïne. Hij knikte met zijn hoofd en zei één woord: 'Bev.'

Intussen rende Jason, die een jaar en acht maanden was, van de deur naar mij zodra hij hem zag en riep: 'Pappie is er! Pappie is er!' Dan keek ik uit het raam terwijl Ray Jason in de auto tilde, naast een Animal Packer die hij zover had gekregen om hem en Jason naar het zwembad te brengen, of naar de

Dairy Queen, of naar Hubbard Park om de eenden te voeren.

De eerste keer dat we meer dan twee woorden tegen elkaar zeiden was in het openbaar, een maand nadat we uit elkaar waren gegaan. Het was bij Big Top Hamburgers, een plek waar tuig kwam, waar mijn vriendinnen en ik vrijdagsavonds heen reden als we genoeg hadden van de studenten in de Farm Shop.

Ik moest bijna op mijn knieën om mijn moeder voor me te laten oppassen. 'Als mannen een gescheiden vrouw tegenkomen, willen ze maar één ding,' zei ze.

'Allemachtig, ma. Ik ga naar de *film* met *Beatrice*.'

'Ze denken: als een vrouw het ooit gehad heeft...' hield ze aan.

'Wát gehad heeft?' Ik wilde dat ze zei wat ze bedoelde.

'Je weet wel wat ik bedoel.'

'Nee. Vertel het me.'

'Als een vrouw eenmaal weet hoe het is, wil ze het weer. Mannen voelen dat aan.'

'Zoals loopse honden?'

'Doe niet zo walgelijk.'

Wie had het hier over walgelijk? 'Mam,' zei ik zo kalm mogelijk, en ik wachtte nadrukkelijk een seconde tussen ieder woord. 'Zeg gewoon ja.'

Toen ze had gezegd dat ze erover moest denken, wat betekende dat ze het aan mijn vader moest vragen, stemde ze erin toe dat Jason woensdagavond kwam logeren. Een avond in het weekend was uitgesloten.

Beatrice en ik gingen naar *Mash* in de nieuwe bioscoop, wat een halfuur rijden was, rookten onderweg een joint en luisterden naar de hele *Tommy*-lp, die een radiozender ononderbroken speelde. De lucht woei in mijn gezicht door het open raam. Ik rook de lente, vochtig en sterk, en dacht: ik ben vrij. Nu kunnen Beatrice en ik naar Big Top Hamburgers en kunnen we daar de hele avond blijven zitten. Ik ben niet getrouwd en mijn ouders zouden het nooit weten. Ik zou een gegrilde burger, rood vanbinnen, kunnen bestellen. Ik zou zelfs kunnen flirten met jongens op de parkeerplaats. En dat was precies wat we deden: een gegrilde burger bestellen, rood. Maar ik kreeg niet de kans om te flirten, want Raymond, het verse wrak, waggelde binnen, en het eerste dat hij zei was: 'Waar is mijn zoon?'

Het werd rood voor mijn ogen. Wat een lef. Raymond ging waarschijnlijk elke avond naar Big Top Hamburgers en insinueerde nu dat ik geen goede moeder was voor zíjn zoon? 'In de kofferbak. Waar denk je?' Mensen draaiden zich op hun kruk om en ik voelde hun ogen in mijn rug prikken.

'Ik meen het,' zei hij dreigend.

'Het gaat je niks aan,' zei ik.

'Ik ben zijn ouwe.'

'Vader. Zeg "vader".' Ik wist dat ik mijn mond moest houden, maar ik kon niet stoppen. 'Als je zo'n goede vader bent, vertel me dan maar eens wat het nieuwste woordje van je zoon is. Dat weet je niet. Waar was je trouwens zondag, verdomme? Waar haal je het lef vandaan om te denken dat je het recht hebt ook maar iets over hem te weten?'

'Ik hoop voor je dat hij een oppas heeft.'

'Bev,' zei Beatrice, en sperde haar ogen open alsof ze wilde zeggen: laten we 'm smeren.

Ik liep langs Raymond en stapte in Beatrices auto, en ze scheurde zo snel van het parkeerterrein dat mijn druivenlimonade omviel op mijn schoot.

Dat kreeg je dus als je naar Raymonds uitgaansplekken ging.

Uiteindelijk kalmeerden we voldoende om een praatje te maken als hij langskwam, voornamelijk over Jason en mensen die we allebei kenden. Op een avond eind augustus, bijna drie maanden nadat Ray en ik uit elkaar waren gegaan, hoorde ik zacht kloppen op mijn voordeur. Ik was in slaap gevallen tijdens het lezen van *A Tree Grows in Brooklyn* en stond op om uit het raam te kijken. Van bovenaf zag ik Raymond. Hij stond op de veranda met zijn blik omlaag gericht. Toen ik opendeed, besefte ik dat ik iets over mijn nachthemd had moeten aantrekken, omdat ik Raymonds ogen aan de andere kant van de hordeur over mijn borsten zag dwalen.

'Ik moet met je praten,' zei hij.

Ik zwaaide de deur open en ging met mijn armen op borsthoogte over elkaar geslagen op de bank zitten, hij op de stoel tegenover me met zijn benen wijd uit elkaar. Hij haalde een pakje Luckies uit zijn hemdzakje, schudde er een sigaret uit en stak hem aan. Zoals zijn pols en vingers bewogen, waar hij de sigaret tussen zijn lippen stak en de sigaret weer wegnam zodat zijn lippen bijna aan de filter bleven kleven – het was allemaal zo bekend dat ik me moest vermannen om niet opnieuw voor hem te vallen.

'Bev,' herhaalde hij. 'Ik moet iets met je bespreken.'

Ik knikte.

'Ik heb me opgegeven als vrijwilliger in Vietnam. De 101-luchtmachtbrigade. Ik word parachutist.'

'Wat?! Waarom?'

'Ik weet het niet.' Hij haalde zijn schouders op en wendde zijn blik af. 'Ik weet het niet. Bobby is er omgekomen, en ik weet het niet. Ik doe hier niets. Ik dacht dat ik mijn land misschien maar moest verdedigen.'

'Maar je gelooft niet in de oorlog.'

'Ik dacht: mijn land doet mee, dus moet ik meedoen. En bovendien, ik heb jou niet meer, of Jason.'

'Je hebt Jason wel. Hij is je zoon.'

Hij staarde naar zijn handen en schudde zijn hoofd.

Ik bedwong de neiging zijn hoofd tegen mijn borst te drukken en met hem heen en weer te wiegen.

Die nacht lag ik in het donker naar het plafond te staren. Toen ik Raymond pas kende, reed hij in een gele Bonneville met een zwart dak, en hij had altijd geld voor bier, pizza, drive-infilms, of Riverside Amusement Park. Hij woonde toen ook bij zijn moeder. Hij had plannen om misschien bij de marine te gaan om toch papieren te halen die gelijkstonden aan een middelbare-schooldiploma en iets in elektronica te doen. Toen werd ik zwanger en zijn leven was geruïneerd. Ik huilde toen ik me Raymond duizenden kilometers ver weg voorstelde, weggedoken in een rijstveld om de bommen te ontwijken die boven zijn hoofd fragmenteerden. Ik huilde nog harder toen ik dacht aan de wake voor Bobby. De kist was gesloten omdat Bobby's lichaam te lang bovengronds was geweest. Zijn familie had de foto van de diploma-uitreiking op een plankje erboven gezet, zodat we allemaal konden terugdenken aan hoe hij eruit had gezien. Raymond zou geen foto hebben waarop hem een diploma werd uitgereikt om boven zijn kist te zetten.

In de ochtend werd ik zoals gewoonlijk wakker toen Jason 'Mammie!' riep. Ik tilde hem uit bed en verschoonde zijn luier. Ik omhelsde hem en rook de Johnson-prikt-niet-in-de-oogjes-babyshampoo in zijn haar toen ik hem de trap af droeg. Ik zette hem neer in de keuken en hij liep recht naar de kast, stak zijn hand uit naar de knop en keek naar mij om te zien of ik nee zou zeggen of niet. Toen haalde hij voor de eerste keer die dag de pannen eruit. Ik maakte wentelteefjes voor ons, sneed de zijne in reepjes en zette hem in zijn kinderstoel. Hij zei: 'Mmm, lekker,' terwijl hij het eerste reepje voorzichtig oppakte en een hap nam. 'Lekker?' zei hij, mij mijn tekst voorzeggend.

'Mmm, lekker,' zei ik, na een hap uit mijn wentelteefje, en ik besefte dat ik geen eetlust had. In gedachten zag ik Raymond in de ziekenhuiskamer staan met het konijn van aardewerk. De klimopplant was vrijwel meteen doodgegaan. Ik had geen idee wat ik met de konijnvaas had gedaan. Toen zag ik Jason, zoals hij vorige week voor het raam op de schommelstoel had gestaan en door de straat keek om te zien of zijn vader er al aan kwam, die nooit op kwam dagen. Jasons vader was een leugenaar en een verslaafde.

Ik gaf Jason zijn plastic beker sap. Hij nam een slok en gaf de beker terug. Het was ineens glashelder. Raymond ging naar Vietnam om de heroïne, de pure, goedkope heroïne die daar in overvloed was. Hij ging niet naar Vietnam om zijn land te verdedigen en Bobby's dood te wreken. Hij ging erheen omdat het makkelijker was dan hier blijven. Bovendien, je wist het nooit met Raymond. Misschien was het allemaal in scène gezet zodat ik medelijden met hem zou krijgen, mijn armen zou spreiden en zou zeggen: 'Ga niet. Kom bij me terug.' Ik belde Raymond.

'Raymond,' zei ik. 'Ik heb nagedacht. Als je naar Vietnam gaat, is Jason bijna drie als je terugkomt. Hij zal niet meer weten wie je bent.'

'Dat is waar.'

'Stel dat ik tegen je zei dat ik had besloten anderhalf jaar in Californië te gaan wonen, en erop rekende dat jij voor Jason zou zorgen?'

'Dat is anders.'

'Nee, dat is het niet. Je kunt hem niet zomaar bij mij achterlaten.'

'Ik ga mijn land verdedigen.'

'Gelul. Je gaat omdat je je daar heroïne kunt permitteren.'

Er viel een stilte aan de andere kant van de lijn.

Jason propte het laatste reepje wentelteefje in zijn mond en zei: 'Nog een.' Ik gaf hem het mijne. 'Raymond, je hebt een zoon. Ik heb nagedacht. Of je blijft en besluit je verantwoordelijkheid voor Jason te nemen, of je geeft hem op. Kom niet terug na Vietnam.'

'Dat zou waarschijnlijk beter voor hem zijn.'

Ik sprak hem niet tegen.

'Je kent me. Ik ben een hopeloos geval. Net zo slecht als mijn eigen ouwe.'

'Dus je geeft hem op.'

'Dat is beter voor hem.'

'Ik moet ophangen.'

Ik wreef Jasons gezicht en zijn plakkerige vingers schoon met een doekje en tilde hem uit zijn kinderstoel. Hij ging naar de kartonnen doos met speelgoed in de woonkamer. Ik keek naar hem terwijl hij in de doos graaide en met een golfbal te voorschijn kwam, die hij naar me toe rolde.

Ik had gelezen over kinderen van gescheiden ouders en dat ze vaak dachten dat zij de ouder die wegging hadden weggedreven. Ik zou Jason zeker vertellen dat het niet zijn schuld was. Ik zou hem vertellen dat zijn vader en ik steeds ruzie maakten en het niet met elkaar konden vinden. Ik zou Raymond niet zwartmaken. Ik zou tegen Jason zeggen dat zijn vader voor zijn land wilde vechten. Ik zou hem vertellen dat zijn vader moedig was. Ik kon hem zelfs vertellen dat zijn vader was omgekomen en daarom nooit was teruggekomen. Maar dat zou een vergissing zijn. Jason heeft misschien de leugenachtige aard van zijn vader geërfd, en daarom moet ik het goede voorbeeld geven. Raymonds moeder had me verteld dat Raymonds vader net zo was als Raymond, en loog voor de lol. Ik zag Jason nog liever als een kwijlende debiel. Ik zou Jason altijd de waarheid vertellen. Ik zou Jason vertellen dat zijn vader verslaafd was aan drugs, en dat ik daar niets tegen kon beginnen. Ik zou Jason een reëel beeld geven, zodat hij later als hij groot was niet zou gaan denken dat hij voor de gek was gehouden. Op dat moment wist ik niet eens zeker of ik hem in de kerstman zou laten geloven.

Jason zat even stil bij de speelgoeddoos; toen rook ik iets en wist dat het tijd was om hem een schone luier om te doen. Daardoor zag ik een beeld voor me. Toen Jason een baby was. Elke avond als Raymond thuiskwam, aten we met z'n drieën; dan kleedde Raymond Jason uit en deed hem in de gootsteen in bad. Soms bleef ik aan tafel een sigaret zitten roken terwijl ik keek. Ik was gefascineerd door de tederheid waarmee Raymonds handen een kommetje maakten voor het water en het over Jasons glimmende natte lijfje lieten lopen. Soms vroeg ik me af hoe dat voor Jason was: de grote handen van zijn vader en het veilige gevoel als ze zijn rug ondersteunden.

Op dat moment kwam mijn moeder binnen. Ik had haar auto niet eens gehoord. 'Poehoe,' zei ze. 'Er stinkt hier iemand.'

Jason lachte en begon Pak Me Dan te spelen.

'Nee, nee,' zei ze terwijl ze haar tas op de bank liet vallen en hem beetpakte. Ze wrong het washandje uit met Jason op haar heup, zeepte het in en legde Jason op de grond om hem en schone luier om te doen.

'En, wat was je aan het doen?' vroeg mijn moeder.

'Niets,' zei ik. 'Ik zat te denken.'

'Denk maar niet te veel,' zei ze. 'Anders krijg je grijze haren.'

Hoofdstuk 8

RAYMOND SCHREEF ME BRIEVEN, die ik ongelezen weggooide, tot de brief die het aantal op een dozijn bracht. Hij had een foto ingesloten van zichzelf op een bed met talloze bierblikjes en lege drankflessen op de planken boven hem. Zijn hemd was gekreukeld bij zijn oksels en hij had een tatoeage van een duivel met een drietand op zijn ontblote buik. Ik neem aan dat hij dat sexy vond. Hij schreef: 'Ik heb pas *Love Story* gezien. Ik ben Oliver en jij bent mijn Jenny. Ik ben je kwijt.' Dacht hij dat onze liefde van het soort was waarover boeken werden geschreven en films gemaakt: een tragedie die miljoenen tot tranen toe bewoog, terwijl ik, de heldin, geen traan had gelaten sinds de avond dat ik me hem strompelend door een rijstveld had voorgesteld? Ik maakte een eind aan zijn illusie door hem een hatelijk briefje te schrijven: 'Ik hou nu niet van je, heb nooit van je gehouden en kon nooit van je houden, dus doe me een plezier en vergeet dat ik ooit heb bestaan.' Toen liep ik naar het midden van de oprit en in een kuil in het asfalt maakte ik een brandstapeltje van zijn brief met foto.

Het enige dat ik daarna over trouwen dacht was: nooit, in geen miljoen jaar, voor geen miljard dollar, nooit meer, al kost het me mijn leven.

Toen was het een jaar geleden dat Raymond ons in de steek had gelaten, het eind van de zomer van 1971. Jason werd drie en een paar dagen later zou ik eenentwintig worden; dan mocht ik drinken en stemmen en was ik officieel volwassen. Ik was op een picknick in Beatrices achtertuin met Jason en Fay, haar dochtertje Amelia van tweeënhalf en een stel mensen die Beatrice van haar werk kende. Fay en ik hadden een plan gemaakt. We zouden samen LSD nemen, en als we dan op Beatrices picknick waren, zouden alle vrouwen op onze twee kinderen passen. Het probleem was dat we Beatrice en haar vriendinnen niet hadden ingelicht over ons plan en dat ze niets doorhadden. In de eerste plaats hadden ze er geen idee van dat we aan het trippen waren, omdat ze dat zelf nog nooit hadden gedaan en het verschil niet zouden merken tussen iemand in een trip en een gek, en als zodanig beschouwden ze ons waarschijnlijk. En in de tweede plaats: ze begrepen het gewoon niet. Dit was onze logica: Fay en ik waren ongewenst zwanger geraakt, waardoor wij de zondebokken of slachtoffers waren. Met andere woorden: zonder ons waren zij de klos geweest, daarom konden ze ten minste iets terugdoen door onze kinderen gedurende een miserabele picknick bezig te houden. Geloof het maar niet.

Dus ik lig op mijn rug in het aluminium zwembad van Beatrices ouders vredig te trippen en luister naar de bomen die tegen me praten in een taal waarvan ik zeker weet dat ik die zou verstaan als ik me beter zou kunnen concentreren. Maar dan komt er iemand die me mijn zoon overhandigt. Aan haar feloranje bikini zie ik dat het Beatrice is. Ze zegt: ‘Hier is iemand die met zijn mammie wil zwemmen.’

Kwam het niet bij haar op dat iemand niet met haar zoon wilde zwemmen? Maar ze laat hem boven het water bungelen, dus steek ik mijn armen naar hem uit en hij glipt tussen mijn vingers door onder water. Ik pak hem beet net voor zijn hoofd ondergaat, maar hij begint toch hysterisch te huilen, hoestend en proestend, waardoor ik me vreselijk voel. Nu versta ik elk woord van de bomen. Ze zeggen: ‘Je bent een slechte moeder. Je hebt bijna je zoon laten verdrinken. Hij zal zich dit moment voor altijd herinneren.'

Ik omhelsde Jason en plonsde met hem rond in het zwembad om hem af te leiden. Toen we eruit klommen, ging ik op mijn rug liggen en Jason kwam op mijn buik zitten. De zon scheen op zijn achterhoofd, en even dacht ik dat het een halo was, maar toen schoof er een wolk voor het visioen en ik concentreerde me op zijn gezicht. Hij had drie sproeten op zijn neus en blauwgrijze amandelvormige ogen. Had Raymond ook amandelvormige ogen? Ik sloot mijn ogen om aan iets anders te denken en wat ik zag was de Heilige Maagd op een aardbol met het kindeke Jezus in de holte van haar arm, zoals op een weeïge kaart, en toen herinnerde ik me iets over mijn moeder. Ze had me verteld dat ze bijna was verdronken toen ze klein was, dat ze zelfs voor de derde keer onder was gegaan, maar toen de Maagd Maria had gezien, met uitgestrekte armen, en toen ze bijkwam lag ze op het strand, gered.

Jason had ook een visioen gehad van een oude vrouw die aan de andere kant van zijn slaapkamerraam zweefde, en probeerde binnen te komen. Hij was bang van haar. Ik zei tegen hem dat het waarschijnlijk een fee was.

'Ze was te oud,' zei hij.

'Niet voor een beschermengel. Het is waarschijnlijk mijn overgrootmoeder Irene die langskwam om je geluk te brengen.'

'Denk je?'

'Absoluut.'

Ik dacht veel aan mijn overgrootmoeder Irene de laatste tijd, omdat mijn moeder steeds zei: 'Ik weet niet op wie je lijkt. Niet op míjn familie. Het moet je vaders grootmoeder Irene zijn.' Ik beschouwde dat als een compliment, maar hoewel mijn moeder Irene best mocht, bedoelde ze het beledigend, omdat Irene de onvergeeflijke zonde had begaan Haar Kinderen te Verwaarlozen. Irene nam ook elke kans waar om uit huis te ontsnappen. Ze liep graag rond in de buurt, hier voor een kop koffie, daar om kennis te maken met een of andere Italiaanse immigrant die net in haar straat was komen wonen. Haar allergrootste passie in het leven was de film, en ze ging wanneer ze maar de kans kreeg. Dat maakte haar man, die het land door reisde, woedend, vooral omdat ze haar huis verwaarloosde en haar kinderen hun gang liet gaan. Het verhaal ging dat hij op een dag de afwas in zijn kruiwagen stapelde en hem recht door het middenpad van Wilkinson's Theater duwde, om haar voor schut te zetten. Mijn versie is dat ze in lachen uitbarstte toen ze hem zag.

Het verhaal van Irene loopt echter niet goed af. Toen ik haar eenmaal ontmoette was haar man overleden en had ze al haar geld opgemaakt; ze had geen huis, geen tanden, en was een armoedzaaister. Ze woonde bij verschillende neven en nichten, maar weigerde bij haar eigen kinderen in te trekken – misschien omdat ze niet om hen gaf, misschien omdat ze de baas over haar wilden spelen en haar tussen vier muren wilden houden. Intussen was mijn vader net bij de politie en reed in zijn patrouillewagen rond. Er ging geen week voorbij of hij zag zijn grootmoeder in het zwart, met haar witte haar wijd uitstaand als paardenbloemenpluis, als een heks aan de rand van de stad ronddwalen in de buurt van een maïsveld of weiland. Dan stopte hij om haar te vragen of ze een lift wilde, maar ze weigerde altijd. Ze was zijn grootmoeder, dus hij kon niet op bevelende toon zeggen: 'Instappen,' zoals tegen mij. In plaats daarvan – de dag dat hij haar in Woolworth's brillen zag passen en met half dichtgeknepen ogen naar een popcornreclame zag kijken – beraadslaagde hij met zijn moeder en ooms en tantes, die besloten dat een verzorgingshuis de enige uitkomst was. Toen ze haar daarheen brachten, weigerde ze haar schoenen af te geven. Toen ze drie maanden later stierf, vonden ze ze verstopt onder haar kussen.

Soms vroeg ik me af of, als hij het voor het zeggen had, mijn vader me ook in een inrichting zou plaatsen. Vooral sinds hij weer zijn oude truc toepaste en me bespioneerde. Zoals ik zei: het was 1971. Ik was een hippie. Ik droeg geen beha, liep blootsvoets, had seks met wie ik wilde, plus ik liftte en ging met Jason uit stelen. Mijn zoon was het ideale lokaas voor een lift (wie zou een witblond driejarig jongetje aan de stoeprand naast zijn moeder met zijn duim opgestoken geen lift geven?) en de beste afleidingsmanoeuvre voor winkeldiefstal. Ik hoefde hem alleen maar los te laten in een winkel en de verkoopsters waren zo gefixeerd op zijn kleine vuile handjes dat ze me niet eens zagen, behalve dat ze me kwaaie blikken toewierpen die zeiden: wil je alsjeblieft je kind bij je houden, stomme hippie. Waarschijnlijk zagen mijn vader en zijn maten me soms op het grasveld van de Robert Earl-school zitten en naar een fluorescerend licht staren omdat ik dacht dat het een tv was. Ze hielden in elk geval het grote aantal auto's dat 's nachts op mijn oprit stond in het oog, om maar te zwijgen over alle verschillende mannen die bij die auto's hoorden. Ik vroeg me af of ze konden uitvissen welke voor Fay kwamen en welke voor mij.

Fay en ik hadden er geen moeite mee dat bij te houden, omdat we een lijst hadden verstopt achter een tekening van een uienschil die Fay had geschilderd en aan de muur had gehangen. Fay en Amelia waren in de lente bij mij en Jason ingetrokken, toen Fay een bikinibroekje achter in haar auto had gevonden en daaruit de – juiste – conclusie had getrokken dat haar man vreemdging. Daarom reed ze in haar gele Dodge met haar halve meubilair uit Pennsylvania en trok bij me in. We hadden mijn oude Flintstone-meubels de deur uit gedaan en haar mooie meubels binnengezet voor ze de uienschil schilderde. We wisten nog niet dat er een lijst achter zou komen. Dat begon toen ze ongeveer een maand bij me woonde.

We hadden met onze kinderen door de stad gereden, helemaal tevreden. Wel hadden we allebei een mislukt huwelijk. We zaten allebei in de bijstand. We hadden kleine kinderen, waardoor we niet naar Californië of door Europa konden liften, niet in een commune konden wonen, en nog wel een miljoen andere dingen die we konden bedenken, maar hier waren we: beste vriendinnen die samenwoonden met onze kinderen. Het was als een droom die werkelijkheid was geworden. Een van mijn fantasieën als kind was dat mijn beste vriendin, Donna, en ik en onze Betsy Wetsies samenwoonden omdat het oorlog was en onze mannen aan het front waren. Dan kregen we een telegram met de mededeling dat onze mannen aan flarden waren geschoten, wat inhield dat wij tweeën voorgoed samen konden wonen als we wilden. En zo voelde het nu. We reden door de stad terwijl Jase en Amelia het ABC-lied telkens opnieuw zongen tot we ten slotte gilden: 'Mond dicht, kleine marmotten!' Dan rolden ze gierend door de auto en stootten hun hoofd tegen het dak, tot ze hun gebruikelijke houding hadden gevonden: hoofd uit het raam als honden. Intussen zochten Fay en ik naar wilde bloemen die we met armenvol tegelijk plukten, en naar leuke jongens, meestal in sportauto's. Als we er een zagen aankomen zeiden we: 'Zwaaien, kindjes!', wat ze als opwindpoppetjes deden.

Toen viel de schemering over een bloedhete dag. We hadden net ijsjes voor de kinderen gehaald en reden in een deel van de stad dat we niet kenden. Enorme golfplaatgebouwen en fabrieken met hoge schoorstenen aan het eind van straten met oude houten huizen en hier en daar een verdwaalde struik. En daar, in de verte, zagen we een groep van die sportauto's geparkeerd staan bij een honkbalveld.

We herkenden een paar jongens. Ze zaten in het team van de Italian Club, dat tegen de Elks speelde. De jongens van de Italian Club droegen spijkerbroeken. Bandana's hielden het zweet van hun voorhoofd en hun lange haar uit hun gezicht. Ze rookten sigaretten in het uitveld, die ze tussen hun tanden geklemd hielden als ze vingen. Ze dansten rond de honken in plaats van te rennen als ze een homerun sloegen. Sommige van die jongens waren dezelfde die langs Donna en mij waren gereden toen we met opgeheven kin onder de boom op Denny Winters hadden zitten wachten. Ik wist hoe ze heetten omdat ze in de jaarboeken van mijn broer stonden. Ze waren een jaar of drie, vier ouder dan wij. Ze waren het type slechteriken die op de middelbare school wieldoppen stalen en met kettingen en bakstenen vochten. Alleen waren het nu hippies. 'Te gek,' zei ik tegen Fay. 'Wauw,' zei Fay tegen mij.

Daarna was de bar van de Italian Club onze vaste uitgaansplek. Het was dezelfde plek waar Raymond te veel Seagrams' 7 had gedronken op onze bruiloft. De ruimte was groot en donker als de buik van een walvis. De bar was van mahoniehout en zat vol jongens met namen als Rat en Indian, Chip en Skip, Buzzard en Deacon. De helft was getrouwd en vond het heel gewoon om elke avond in de kroeg te zitten. Als hun vrouwen voor hen belden zei de barkeeper automatisch: 'Heb ik niet gezien.' Als ze het al over hun vrouwen hadden, was het alsof het over buitenaardse wezens ging, die hun wiet door de wc trokken en door het lint gingen als ze 's ochtends dronken thuiskwamen, en dan dagenlang niets zeiden en geen seks wilden.

'Wat,' vroeg ik, 'denk je dat jullie het recht geeft om in de kroeg te zitten en te doen waar je zin in hebt, terwijl je vrouw aan huis gekluisterd is met de kinderen?'

'Hé, Hank, krijg nou wat.'

'Heb je daar geen antwoord op?'

'Misschien, misschien niet. Waarom doe je geen beha aan? Denk je niet dat je tieten zo op je middel hangen als je dertig bent?'

'Net zoals jouw ballen op je knieën?'

'Hé, je bent wel oké. Ik mag je wel.'

Ik had Betty Friedan, Germaine Greer en Simone de Beauvoir gelezen, en ik was er klaar voor, ik was bereid, ik stond te trappelen om persoonlijk te vechten voor de rechten van alle vrouwen, met behulp van mijn beste vriendin en medeslachtoffer, Fay. Omdat ze niet naar ons wilden luisteren, kwamen we in actie.

Op onze lijst maakten we rijtjes met naam, leeftijd, sterrenbeeld, penislengte en techniek, met cijfers van een tot en met tien. Dan hulden we ons in onze heupspijkerbroeken en strakke truitjes tot boven de navel, en kwamen zo de club in om mannen op te pikken (nooit de getrouwde) om mee naar bed te gaan, te neuken, te wippen, te naaien – zo praatten we om elkaar te vermaken – en tekeer te gaan zonder enig spoor van liefde of romantiek. We maakten er geen woorden aan vuil, wat neerkwam op: 'Heb je zin om te neuken?' Als een jongen het ooit in zijn hoofd haalde om ons een vuurtje te willen geven, kreeg hij de wind van voren. 'Wat denk je wel van ons, zien we er soms uit als hulpeloze wezentjes?'

Wat we in zekere zin wel waren, omdat kort nadat we de club gevonden hadden, Fays ex-man – de zak – 's nachts stiekem de gele Dodge terugstal en ons zonder auto en woedend achterliet, woedend omdat mannen ons zwanger hadden gemaakt en mannen ons met kinderen hadden laten zitten en mannen de auto's behielden.

De avond van Beatrices picknick hoopten Fay en ik dat onze moeders, of Trudy, de buurvrouw, op de kinderen zouden passen zodat we naar de club konden liften om een paar jongens op te pikken, of in elk geval iets te drinken om de trip wat af te zwakken, die op dat moment mijn oren vulde met geruis. Jason bedolf me onder gras en had me bijna helemaal begraven. Hij mompelde in zichzelf: 'Ik hoef alleen haar voeten nog te doen. De tenen zijn het moeilijkst...' Amelia kwam aanrennen. 'Wat ben je aan het doen?' vroeg ze.

'Mijn moeder aan het begraven.'

'Mag ik meedoen?'

'Oké. Als we klaar zijn, moeten we een bloem zoeken. Die kunnen we in haar mond steken, zodat hij rechtop blijft staan.'

'Zo is het genoeg,' zei ik, overeind komend.

'Maaa!' riep Jason.

'Wat wil je? Je was me aan het doodmaken.'

'Laten we het met mijn moeder doen,' stelde Amelia voor.

'Goed,' zei Jase, en hij rende weg met Amelia.

Ik voelde me in de steek gelaten, hulpeloos, zonder Jasons houvast. Ik zag hem met Amelia over het gras naar Fay rennen. Ze botsten met hun schouders tegen elkaar aan en renden precies even hard. Jason was een halfjaar ouder, maar ze werden voortdurend voor tweelingen aangezien. Jason was iemand die graag de eerste was en wilde winnen, en Amelia liet hem begaan. Ze konden het even goed met elkaar vinden als hun moeders. Ze sliepen in Jasons kamer en stonden elke ochtend samen op vóór Fay en ik, gaven elkaar graanontbijt en aten het op voor de tv terwijl ze naar tekenfilms keken. Fay en ik sliepen in mijn kamer aan de andere kant van de gang, maar als een van ons een man had uitgenodigd voor de nacht, sliep de ander op de bank en zei tegen de kinderen dat ze geen tv konden kijken. Dan zaten ze in de keuken te kwekken of gingen eerder dan anders naar buiten.

Als ik een man bij me had en we 's ochtends in de keuken verschenen, begon Amelia met hem te flirten, terwijl Jason plotseling vergat hoe alles moest, zoals zijn trui aantrekken of melk inschenken of praten als iemand hem een vraag stelde. Zoals ik altijd had gedacht, had Fay geluk met een dochter, omdat meisjes niet de neiging hebben hun territorium te verdedigen als hun moeders vriendjes in de buurt zijn.

Jase had me de laatste keer dat er een man bij me sliep een schok bezorgd. De man was weg en ik praatte met Jason in een verzonnen vreemde taal om hem te stangen. Ik weet niet waarom – misschien omdat hij van het verkeerde geslacht was. Ten slotte stond hij met een rood gezicht op en gilde: 'Stop!' Ik was geschokt. Jason werd bijna nooit kwaad. Ik barstte in lachen uit, waarop ik zag dat het huilen hem nader stond dan het lachen, en ik zei: 'Wat is er? Ik vroeg alleen wat je wilde worden als je groot bent, en je wilde geen antwoord geven.'

'Je praatte stom.'

'Dat weet ik. Sorry. Maar geef antwoord. Wat wil je worden?'

'Politieman.'

'Een smeris! Waarom wil je smeris worden?'

'Zodat ik mensen kan neerschieten.'

En dat zegt een kind dat in zijn hele leven geen speelgoedpistool had gehad? Een kind dat met de paplepel ingegoten had gekregen: *make love, not war?*

 Toen viel het kwartje. 'Je wilt het omdat opa het is.'

‘Helemaal niet.’

‘Jason, als je bij de politie gaat, zal ik je verstoten.’

‘Wat betekent verstoten?’

‘Het betekent dat ik niet meer tegen je praat en dat je niet meer thuis kunt komen.’

‘Niet zeggen.’ Het leek erop dat hij opnieuw wilde gaan huilen.

Toen herinnerde ik me de psychologische strategie van het omkeren: ‘Doe maar. Het kan me niet schelen. Als je bij de politie wilt, dan doe je dat maar.’

Toen ik hem en Amelia aan de andere kant van de tuin in een zak marshmallows zag graaien die Beatrice hun voorhield, begon ik te dromen, een van mijn lievelingsdromen: hoe zou mijn leven zijn zonder Jason? Ik zou in New York wonen en optreden in een stuk. Waarschijnlijk *Hair*. Op een avond zou John Lennon komen kijken, zonder Yoko, en we zouden iets gaan drinken. Toen zette ik die fantasie uit mijn hoofd. Ik probeerde in het hier en nu te zijn en te denken aan de positieve kanten van het moederschap. Ik kon niets goeds bedenken. Niet één ding. Ik dacht aan Lenny LaRoyce en zijn bus. Fay en ik hadden met Lenny op de middelbare school gezeten, en toen hij uit dienst kwam had hij een schoolbus verbouwd waarmee hij door het land reed. Toen hij onlangs was teruggekomen had hij zijn bus een paar maanden in de voortuin van een vriend geparkeerd en ging hij af en toe naar de club. Fay versierde hem. Op een avond nodigde hij Fay, Amelia, Jase en mij uit om te komen logeren in de bus. En het stel in het bed boven dat van Jase en mij moest midden in de nacht zo nodig hyperactief worden en bonken, steunen en kreunen en als beesten tekeergaan. Jason werd wakker en zei: ‘Mam, wat zijn ze aan het doen?’

‘Bezig met seks.’

‘Wat is seks?’

Ik had Jason vrijwel vanaf de dag dat hij was geboren seksuele voorlichting gegeven, omdat ik geloofde dat seks bij het leven hoorde en niets was om je over te schamen. Maar hij onthield het nooit. Het was niet het juiste moment om het hele verhaal te herhalen, dus ik zei: 'Ssst, ga slapen.'

Toen Lenny Fay en mij met de kinderen uitnodigde op zijn volgende reis, overwoog ik het serieus. Maar toen dacht ik: o ja, en dan zou ik me schuldig voelen alsof ik iets verkeerds deed telkens als Jason 's nachts wakker werd omdat hij mensen hoorde neuken.

Ik zag dat zijn gezicht en handen onder de marshmallow zaten en vond dat ik moest zeggen dat hij genoeg had gehad, maar wie had er zin om zijn protesten te moeten aanhoren? Fay kwam naar me toe, ging naast me zitten en keek van een afstand naar het feest. Beatrice en haar van-negen-tot-vijf-vriendinnen zaten in bikini hotdogs te eten. Ten slotte zei Fay: 'Laten we die stomme picknick voor gezien houden,' en ik dacht er precies zo over.

Natuurlijk gingen Amelia en Jase tekeer vanwege de marshmallows, maar we waren precies op tijd, want een minuut nadat we de weg op waren gelopen kregen we een lift naar huis.

We konden die avond geen oppas vinden, dus toen de kinderen in slaap waren gevallen gingen we op de veranda zitten en probeerden wat jongens naar ons huis te hypnotiseren. Ik dacht met name aan Hal, de barkeeper, die me beledigde omdat hij me gratis drankjes gaf en zich liet versieren, maar nooit belde of ook maar een dag met me doorbracht na een nacht samen. De laatste keer dat hij me op een ochtend had thuisgebracht, zei hij: 'Je bent vijandig, weet je dat? Jij denkt dat je Janis Joplin bent. Pak wat je krijgen kunt, nu het nog kan. Wat denk je dat er zal gebeuren als je uiterlijk eraan gaat?' Toen boog hij zich over me heen en opende het portier voor me. Hij zei: 'Maak er het beste van', en reed achteruit de oprit af. Dat vond ik gemeen, wat in beginsel waarschijnlijk de reden was geweest dat ik op hem viel.

Nu zei Fay: 'Ze komen hier alleen omdat ze weten dat we drugs hebben.'

'Het enige dat we doen is praten over kerels, denken over kerels en op zoek gaan naar kerels,' zei ik. 'En wij noemen onszelf feministes?'

'We doen wat we willen, en we laten niet over ons lopen.'

'We hebben geld nodig,' zei ik.

'Ooit word ik rijk,' zei Fay. 'Dan kom ik terug in een rode Ferrari.'

'Dan zouden we naar de club kunnen gaan. Ze zouden er allemaal in willen rijden, maar dat zouden ze lekker niet mogen.'

'Van mij wel.'

'Van mij niet. Ik geloof dat ik mannen meer haat dan jij. Misschien komt dat doordat jij twee broers hebt.'

'Jij hebt toch ook een broer?'

'Kom nou. Hij was de enige zoon in een Italiaans gezin – bovendien, we zeiden geen woord tegen elkaar.'

'Dat is wat ik op dat hele feministische gedoe tegen heb. Ik ga liever met mannen om dan met vrouwen. Wees eerlijk. Vrouwen zijn slaapverwekkend. Ze hebben het alleen maar over hun kinderen, hun mannen, of vriendjes, of zo'n stomme uitverkoop in een of ander warenhuis. Kijk naar Beatrice. Pastelkleurige *broekpakken*. Haar make-up in een joekel van een doos. Opgevulde beha's. En zij denkt dat wij gek zijn? De meeste vrouwen zijn oerdom.'

'Alleen in Wallingford. En ze zijn niet dom, alleen ongeëmancipeerd.'

'Dat vind jij. In Pennsylvania zijn ze nog erger.'

'Daar ben ik het niet mee eens.'

Ze pakte mijn sigaret en nam een trek. 'Nou, ik denk dat we toch op elkaar lijken. We zijn allebei tactloos. Ik geloofde mijn oren niet toen je tegen Beatrice zei: "Leuk badpak. Zelfde kleur als je huid." Haar badpak was *knaloranje*!'

'Ik vond het niet eens bot. Maar dat was het waarschijnlijk wel.'

'Dat bedoel ik dus.'

De volgende ochtend zwegen we. We namen onze laatste twee snuiven speed en sloegen aan het schoonmaken. Fay deed de keuken en de badkamer. Ik de woonkamer en de slaapkamers.

Na een paar uur hoorde ik de fluitketel in de keuken en ik ging aan tafel zitten om even uit te rusten. Fay was klaar met de keuken. Het aanrecht was opgeruimd en glom, en de smaragdgroene vloer zag eruit alsof hij bedekt was met ijs. Ze had felgele bloemen geplukt en op tafel gezet, en aan het eind van de dag zouden er in elke kamer bloemen staan, zelfs op de spoelbak van de wc. Terwijl ik mijn thee dronk – uit een kop waar Fay altijd een schoteltje onder zette – dacht ik hoeveel beter mijn leven was nu Fay mijn huisgenoot was. Ik zag hoe ze het cellofaan van mijn Kools haalde en verfrommelde tussen haar vingers, die bewogen als spinnenpoten. Het was alsof ik naar iemand keek die alleen was. Ze zoog haar lip naar binnen en maakte van het cellofaan een discuswerper. Fay was een kunstenares. Op de middelbare school, toen de tekenleraar haar vroeg een kerstman te schilderen op de glazen wand tussen twee gebouwen, schilderde ze hem met opgestoken middelvinger. Toen de leraar zei dat ze het moest uitwissen, wiste ze alles uit behalve de hand met de vinger, en moest ze twee weken nablijven.

Fay was maar een meter zestig, en alles aan haar was klein, behalve haar haar, dat leek op leeuwenmanen. Ze droeg het in twee dikke, lange paardenstaarten aan weerskanten van haar hoofd, die haar bovenarmen tot haar ellebogen bedekten. Ik vond haar beeldschoon. Dat vond zij mij ook. Ze zei dat ik een klassieke Griekse neus had en een interessant hoekig gezicht. Ze had verschillende schetsen van me gemaakt als we 's avonds alleen thuis waren. Ze zei dat ze me een keer zou schilderen als ze genoeg geld had voor olieverf. Ze zei dat ze het *Beverly* zou noemen. Ik vroeg me af hoe lang we samen zouden wonen. Ik nam aan dat het afgelopen zou zijn zodra een van ons verliefd werd. Misschien namen we daarom elkaars vriendjes altijd op de hak, omdat we allebei bang waren dat de ander te gehecht zou raken. Fay stond op en zette een lp van Carole King op. Ik vroeg me af of ze aan mij dacht als ze 'You've Got a Friend' hoorde zoals ik aan haar dacht. Ik leunde achterover, sloot mijn ogen en besefte dat ik werkelijk gelukkig was.

We maakten voor die avond een afspraak met Lenny. Hij zou ons huis gebruiken om elf pond marihuana te verkopen, omdat zijn bus in de gaten werd gehouden door de politie, en wij zouden vijfentwintig gram wiet krijgen voor de moeite. Aangezien Fay en Lenny toch thuis moesten blijven om de wiet te verkopen, zou Fay op Jason passen terwijl ik uitging met een zekere Brad, die ik weleens tegenkwam, en Amelia logeerde bij haar oma.

Ik was waarschijnlijk op bierblikjes aan het schieten in het maanlicht met Brads .38, terwijl Fay, Lenny en de klant – die volgens Fay een lange paardenstaart had en sigaretten met een wierooklucht rookte – ponden wiet in mijn keuken afwogen en Fay de Lelijkerds op de veranda zag staan. Zonder nadenken deed ze wat we altijd deden: de stereospeakers voor de hordeur plaatsen om ze weg te jagen. Dat was omdat Jason en Amelia niet aan hun kant van de tuin mochten spelen, omdat we ze soms naakt in de buurt lieten rondrennen.

Deze keer belden de Lelijkerds de politie, die even later op de stoep stond. Toen Fay opendeed, sloeg ze de deur dicht in hun gezicht en riep: 'We zijn de lul. Politie!'

Toen ik terugkwam in Brads pick-up stonden er drie politiewagens schots en scheef in de voortuin, met rode zwaailichten die tegen de huizen weerkaatsten. 'Omdraaien,' zei ik, en het leek alsof er een steen op mijn maag lag.

We gingen regelrecht naar een kroeg. 'Laten we ervandoor gaan,' zei Brad. 'Ik heb een vriend in een commune in Colorado.'

'Hoe dacht je dat te betalen?'

'Ik heb vijfhonderd op de bank.'

'Zonder verplichtingen? Jij zou het oké vinden als we gewoon vrienden waren?'

'Ja hoor.' Hij knikte.

Toen keek ik naar hem, en ik wist zeker dat ik alleen maar met hem was omdat hij als ik mijn ogen samenkneep op John Lennon leek. 'Als ik wegging, zou ik dan na zeven jaar clementie krijgen en terug kunnen komen?'

‘Dat weet ik niet. Vast wel. Ik denk van wel.’

Dan zou Jason tien zijn. In de vijfde klas zitten. Misschien zouden mijn ouders mijn foto’s hebben vernietigd en me doodzwijgen. Als ik hem dan onverwacht op de speelplaats zou opzoeken, zou hij naar me kijken met een blik van ‘wie ben jij in ’s hemelsnaam?’ Als ik dan zei: ‘Ik ben je moeder’, zou hij zeggen: ‘Die is dood.’

Ik ging naar huis en werd gearresteerd.

Hoofdstuk 9

TOEN IK mijn huis in liep, zei O'Reilly, mijn vaders beste vriend: 'Heb je een leuke rit gehad met je vriend? We dachten wel dat je terug zou komen.' Hij blufte. Dit was om me te laten denken dat hij Svengali was.

Ik ging aan de keukentafel zitten, waar O'Reilly naar gebaarde alsof hij thuis was. Smerissen trokken de paarse, blauwe en magenta kussenovertrekken van het meubilair in de woonkamer; ze bladerden door boeken en gooiden ze op de grond; ze openden potten in mijn koelkast. Toen begon zijn makker, ook in burger, rechercheur Beaumont, alle pillenpotten in het huis voor mijn neus heen en weer te schudden. 'Sunshine? Windowpane? Speed? THC?' Ik wist dat hij probeerde indruk te maken met zijn kennis van namen, waardoor ik hem een hufter vond en minder bang werd. 'Vitamines, aspirine, Midol,' zei ik. Het was maar goed dat ik die laatste snuif speed had genomen om het huis schoon te maken.

'Je kunt maar beter alles vertellen,' zei O'Reilly. 'We sturen het morgen toch naar het lab.'

'Verspil je geld maar,' zei ik schouder ophalend.

'Je schijnt niet te begrijpen hoe je in de nesten zit. We hebben elf pond marihuana in je huis gevonden, juffrouw. Dat is voor de verkoop, een misdaad. Je vader is hier geweest. Hij was erg van streek. We hebben hem naar huis gestuurd. Hij heeft je zoon meegenomen.'

Ik keek naar mijn handen op mijn schoot. Ze waren zo bruin van het liften in de zon de hele zomer dat mijn nagels wit leken.

'Heb je iets te zeggen?'

Ik ging op mijn handen zitten en hield mijn mond.

'Goed.' O'Reilly stond op. 'Breng haar naar het bureau. We gaan proces-verbaal opmaken.'

Ik zag buren voor het raam aan de overkant staan kijken toen ik achter in een politiewagen wegreed.

Op het bureau sleurde Beaumont mijn armen onder een spotlight en zei: 'Geen littekens van naalden, dan deed je het zeker onderhuids.' Ik was er trots op dat ik nooit heroïne had aangeraakt of een naald in mijn lichaam had gestoken, en zijn beschuldiging maakte me razend. Maar ik bedacht dat hij dat juist wilde; daarom gedroeg ik me nonchalant. Hij nam mijn vingerafdrukken en foto en liet me toen plaatsnemen aan een bureau tegenover O'Reilly. Ik staarde naar de inkt op mijn vingertoppen terwijl O'Reilly tegen me tekeerging. 'We hebben heel wat door de vingers gezien,' zei hij. 'We hebben je een kans gegeven, om je vader. We hebben tien klachten gehad van geluidshinder, maar die hebben we genegeerd in de hoop dat je wijzer zou worden. Je wist alleen van geen ophouden. Je vader zegt dat we je aan moeten pakken. Hij heeft er genoeg van.'

Ik moest steeds denken aan de keer dat O'Reilly en zijn vrouw mijn ouders kwamen ophalen om te gaan dansen. Zijn vrouw had enorme borsten, die nauwelijks bedekt waren in haar laag uitgesneden jurk. Ik had een pyjamafeest met zes vriendinnen, en een voor een liepen we de keuken in voor een glas water en om naar mevrouw O'Reilly te kijken. De volgende ochtend zei mijn moeder: 'We wisten heus wel wat jullie deden. Het was niet leuk.'

'Nou, mevrouwtje,' zei O'Reilly. 'Je hebt het gehad. De eerstvolgende keer dat we 's nachts een auto op je oprit zien staan, trappen we de deur in om je op te pakken voor prostitutie.'

Ik had het kunnen weten. Het ging niet om de wiet, het ging om seks. Ze zetten me in een cel. Fay zat in de cel naast me. 'Dit is toch niet te geloven?' zei ze.

'Nee,' zei ik.

Ze begon te giechelen.

'Ik kan er niet om lachen,' zei ik.

'Op een dag gier je erom. Ik heb net in mijn neus gepeuterd en het op de muur geplakt.'

Ik wou dat ik haar veerkacht had.

Mijn ouders betaalden geen borgsom voor me. Een paar van Lenny's vrienden wel. Toen Fay weg mocht ging ze met haar moeder mee, die de borg voor haar had betaald.

Alle huizen op het pleintje waren donker, behalve het mijne, dat verlicht was als een verjaardagstaart. De deuren stonden wijd open en vanbinnen zag het eruit alsof er een orkaan had gewoed. De smerissen hadden de kussenovertrekken op de grond laten liggen. Al mijn potten en pannen, en zelfs vitaminepillen, waren stuk voor stuk uit mijn kasten op het aanrecht en op de grond gegooid. In mijn slaapkamer was het het ergst. De inhoud van de laden was in een hoop op mijn bed gegooid, met mijn ondergoed en pessarium erbovenop. Onze *Love the One You're With*-poster was van de muur getrokken en aan reepjes gescheurd.

Fay had me in de cel verteld dat mijn vader door het lint was gegaan en de poster had verscheurd. Toen hadden zijn collega's tegen hem gezegd dat hij beter naar huis kon gaan. Dat deed hij, echter met medenemen van Jason.

De volgende ochtend, toen ik naar mijn ouders ging om mijn zoon op te eisen, zat mijn vader weer aan tafel te huilen. Ik ging niet zitten. Mijn moeder, de leeuwin als haar man iets was aangedaan, ging staan. 'Zo, jij hebt je lol gehad. Nu zul je de prijs betalen. Wat dacht je, dat je zomaar alles kon doen waar je zin in had? Ik dacht dat jij zo intelligent was. Je maakt je vader kapot. Elke grijze haar op die arme man zijn hoofd komt door jou.'

'Waar is Jason?' vroeg ik.

'Het gaat je niets aan waar Jason is,' zei mijn vader. Hij snoot zijn neus en keek uit het raam. 'Nú denk je aan hem.' Hij droogde zijn tranen en stopte zijn zakdoek in zijn achterzak. Toen keek hij me aan: 'Luister goed. De eerste de beste keer dat je weer iets uithaalt, vraag ik uithuisplaatsing aan. Dan raak je hem kwijt. Ik zal aanvoeren dat je geen goede moeder bent. Denk je dat ik het niet meen? Wacht maar af.'

Een slechte moeder? Ik wilde het uitschreeuwen. *En noem jij jezelf een goede vader?* Als ik jarig was wist je niet eens hoe oud ik werd. Maar ik wist door levenslange ervaring dat als ik een woord zou inbrengen tegen de beschuldiging van de grote man, de baas en heerser, ik 'hem zou tegenspreken', wat reden was om me een klap in mijn gezicht te geven.

Dus stond ik daar met een schuldbewust gezicht. Waarschijnlijk kon hij daar niet tegen, want hij liep de kamer uit.

Vervolgens verwachtte ik dat mijn moeder de bijbel ging halen en me erop zou laten zweren dat ik nooit meer iets zou uithalen. Maar ze zei: 'Wat dacht je toen je vastzat?'

'Niets,' zei ik.

'Je hebt een pracht van een zoon. Ik snap niet waarom je daar niet gelukkig mee kunt zijn.'

'Er zijn andere dingen in het leven, ma, behalve het moederschap.'

'Zoals? Je bezatten? Vriendjes?'

'Zoals lol,' zei ik. Ik had kunnen zeggen: zoals een goede opleiding, een carrière, reizen, leven, maar dan zou ik in tranen zijn uitgebarsten.

Mijn zus, Rose, inmiddels twaalf, kwam de keuken in en glimlachte naar me alsof ze medelijden met me had. Ze ging aan tafel zitten. Toen verscheen mijn andere zus, Phyllis, inmiddels zeventien, en trok haar mond scheef alsof ze wilde zeggen: dit is krankzinnig. Ze zat naast Rose, tegenover mij. Phyllis had zich verkiesbaar gesteld voor klassenoudste van de eindexamenklas. Ik vroeg me af of ze zou verliezen als mijn arrestatie de krant haalde.

'Waar is Jason?' vroeg ik.

'Hij zit naar *Mighty Heroes* te kijken,' zei Phyllis.

'Ik wilde naar *Lucy* kijken, maar ik heb verloren met kruis of munt,' zei Rose.

'Ach, jij,' zei mijn moeder. 'Jij bent de oudste. Je moet de baas over hem zijn. Je bent veel te zacht.'

'Hallo, mam,' zei Jase toen hij van de woonkamer de gang in kwam.

'Hallo, zoon,' zei ik.

Hij ging op mijn schoot zitten. 'Mag ik een GI-Joe?' zei hij. Zo liet hij me weten dat ik, zoals hij het zag, iets gedaan had waarover ik me schuldig moest voelen toen hij van zijn bed gelicht was en door een huis vol plunderende politie was weggedragen. Omdat hij om genoegdoening vroeg, een beloning. En niet zomaar een beloning. Hij vroeg iets waarvan hij wist dat ik het nooit voor hem zou kopen. Misschien vond hij dat GI-Joe op zijn vader leek.

'Waarom wil je zoiets stoms?' vroeg Phyllis.

'Hij wil het omdat iedereen dat wil,' zei Rose.

'Nietwaar,' zei hij.

'Laat die jongen met rust,' zei mijn moeder. 'Ik zie niet in waarom hij geen GI-Joe mag hebben.'

'Omdat dat soort speelgoed tot gewelddadigheid leidt,' zei ik.

'Het is maar een poppetje,' zei ze zonder te luisteren.

'Het zijn maar drugs. Het is maar seks,' zei ik tegen de tafel.

'Wat?' zei ze.

Mijn zussen giechelden.

'Mam!' zei Jase en hij sloeg me op mijn hand.

Hoofdstuk 10

DIT VROEG IK ME AF terwijl ik wachtte op de datum dat ik voor moest komen: waarom besloten mijn ouders hun eerste kind Beverly Ann Donofrio te noemen en me voor altijd op te zadelen met de initialen B.A.D.? Wat dachten ze eigenlijk? Ik bedoel, als kind waren die initialen een zware last. Dat woord is erg beladen als je net uit de luiers bent. 'Nee, nee, *stout* meisje!'

In de tweede klas moesten we van de onderwijzeres onze initialen in hoofdletters op de voorkant van een map zetten waarin we het hele jaar onze tekeningen bewaarden. Elke keer als ik dat enorme bruine ding uit mijn kastje haalde, wees er iemand naar me en riep pesterig: 'Beverly is slecht.' Dan viel de rest van de klas in: 'Slechte Beverly, slechte Beverly.' Voor een normale tweedeklasser kon dat heel zwaar zijn. Voor een overgevoelig klein meisje zoals ik was het vernietigend. Ik bedoel, ik was het soort meisje dat al huilde als het een jong katje zonder moederpoes zag. En ik had iets van een poppetje. Ik vond het vreselijk om vuile handen of natte voeten te hebben. Toen ik vier was weigerde ik van de veranda te komen zonder een hoofddoek, omdat ik ervan overtuigd was dat vogels zich op me zouden storten en al mijn haar uit mijn hoofd zouden plukken. Nu ik erover nadenk, mijn ouders hadden me Catherine Rose Ann Zelda Yolanda moeten noemen.

Nu, op mijn eenentwintigste, met mijn naam in de krant die me als lid van een drugsbende afschilderde, betrapt met marihuana ter waarde van tienduizend dollar (de vraagprijs was in werkelijkheid duizend dollar), kon je me niet alleen slecht en gek vinden, maar ook berucht.

Om te beginnen dreigde de woningbouwvereniging met huuropzegging, tenzij ik Fay uit huis zette. Dus laadde ik samen met haar op een winderige zaterdag haar spullen in een busje en namen we afscheid op de oprit. Ze ging alleen maar naar haar moeder, maar het was alsof ze naar het andere eind van de wereld vertrok. Toen we ons uit elkaars armen losmaakten, blies de wind haar haren in haar gezicht en het mijne. De tranen stonden in mijn ogen, maar ik geloof niet dat ze het zag. Ze klom met Amelia in het busje. Jason hield mijn hand vast. Fay draaide het raam naar beneden en zei: 'Dit is toch niet te geloven?' en begon toen te lachen. Toen ze achteruitreed, zei ze: 'Hé, Bev!' Ze stak haar middelvinger omhoog naar Backes Court en zei: 'Ze kunnen doodvallen.' Zelf vond ik het allemaal niet zo leuk, moet ik bekennen.

Ik liep met Jason naar binnen. Daar was het nu leeg; er lag alleen Jasons oude matras van zijn ledikant in een hoek van de woonkamer geschoven, en een tafel met een wit blad in de keuken die Fays moeder me uit de goedheid van haar hart had gegeven.

Ik ging op de matras zitten. Jason ging naast me zitten. 'Waarom moeten ze weg?' vroeg hij.

'Omdat ik gearresteerd ben voor iets wat ik niet heb gedaan.'

'Waarom?'

'Omdat het leven niet eerlijk is.' Hij was pas drieënhalf, maar ik wilde hem niets te mooi voorstellen, zodat hij niet zo'n kind als ik zou worden. Waarmee ik gestoord bedoel. Ik wierp me vroeger op de grond, begroef mijn gezicht in het gras en kuste de aarde omdat ik zoveel van Amerika hield. Als een kind me uit zijn tuin wilde wegjagen, zette ik mijn handen in mijn zij en ging geen centimeter opzij. 'Het is een vrij land,' zei ik dan. Wat een idioot was ik.

Ik was echter niet zo veranderd als ik dacht, omdat ik in de lente van 1972 verwachtte dat mijn rechtszaak net zo zou verlopen als op tv: met een advocaat zo slim als Perry Mason en zo sympathiek als Fred MacMurray. Hij zou de politie klem zetten met een technisch detail, zoals onrechtmatig binnenvallen, dwang of ontoelaatbaar bewijs, en ik zou vrijuit gaan.

Maar ik kreeg de man pas vijf minuten voor de rechtszaak te zien. Hij was klein, lelijk en iemand van weinig woorden. Zestien, om precies te zijn: 'We kunnen een schikking treffen. Ik vraag zes maanden voorwaardelijk plus een proeftijd van twee jaar.'

'De wiet was niet van mij,' zei ik.

'Meer krijg ik niet voor elkaar.'

Toen zei de aanklager tegen de rechter: 'We willen een halfjaar voorwaardelijk met een proeftijd van twee jaar.'

De rechter grijnsde minachtend, streek met een hand door zijn haar, schudde zijn hoofd en zei: 'Hmm. Een bijstandsmoeder die met het geld van de belastingbetaler drugs koopt. Ik ben niet geneigd je er licht van af te laten komen, maar er is een kind in het spel,' en hij gaf me exact de gevraagde straf.

Wat erop neerkwam dat ik elke woensdag naar meneer Stanley Stupski moest, de beste reclasseringsambtenaar van Wallingford. Ik zat op een bank in het gemeentehuis terwijl Jason over de glanzende vloer gleed en met zijn Matchbox-autotjes speelde. Soms liep mijn vader langs. Dan richtte Jason zich op zijn knieën op en zei: 'Dag opa.' Mijn vader streek door zijn haar en knipoogde naar me. Wat ik op prijs stelde. Hij geneerde zich per slot van rekening waarschijnlijk. Ik was zijn dochter en ik zat op dezelfde bank als alle andere misdadigers in de stad, van wie hij sommige zelf had opgepakt.

Vroeg of laat verscheen Stan de Man in zijn deuropening, wees naar me, zei: 'Bouchard,' en wees dan met zijn duim naar zijn kantoor. Ik wurmde me langs zijn bierbuik, Jason achter me aan trekkend, die ik vervolgens als een schild op mijn schoot zette.

‘En, ben je nog op blowfeesten geweest de laatste tijd? Of orgieën misschien?’ begon Stan het gesprek.

‘Dat is een walgelijke vraag,’ antwoordde ik.

‘Hoezo? Ik dacht dat jullie hippies dat allemaal deden. Je zou het me toch wel vertellen als je was uitgenodigd, hè?’

Ik rolde met mijn ogen en keek uit het raam.

‘Heb je me iets te vertellen?’

‘Nee.’

‘Je instelling deugt niet. Dat is je probleem. Als je je eens fatsoenlijk opstelde als je hier binnenkwam, en zei: “Dag, meneer Stupski, hoe gaat het?”, zou ik je anders behandelen. Misschien hoefde je dan maar één keer in de twee weken te komen. Eén keer in de maand. Dan zou ik denken: wat een aardige meid. Ik zal haar eens matsen. Maar je hebt geen manieren. Heeft niemand je ooit verteld dat je meer vrienden maakt met honing dan met azijn?’

‘Nee,’ zei ik, naar waarheid.

Toen het zomer werd had Fay me in de steek gelaten en was met haar nieuwe vriend, die doctoraalstudent psychologie was, naar Minneapolis verhuisd. Na een paar maanden schreef ze me dat Amelia op school een speciaal programma volgde voor intelligente kinderen en dat zijzelf rond nieuwjaar 1973 zou gaan studeren, wat haar oudere broer zou bekostigen. Ik was jaloers. Wallingford had geen programma’s voor intelligente kinderen, en uiteraard was studeren voor mij niet weggelegd. Mijn oudere broer zou niets bekostigen. Mijn oudere broer was net terug in de stad na vier jaar bij de marine, waar hij een toppositie had in de beveiliging, en aan niemand vertelde hij waar hij was geweest, wat hij gedaan had of hoe hij die wond had opgelopen die eruitzag als een kogelwond, in de spier achter zijn linkerscheenbeen. Meteen toen hij thuis was ging de stoel aan de eettafel, die aan het andere hoofd van de tafel tegenover mijn vader – de stoel waarop ik vier jaar had gezeten als ik thuis at – weer terug naar hem en ik zat weer aan de lange kant met mijn moeder, zussen en Jason. Nu ik eraan denk, verbaast het me dat Jason – toch iemand van de superieure sekse – al die jaren de plaats tegenover mijn vader niet was toegewezen. En raad eens welk beroep mijn broer koos na de marine? Politieman. Dat was hij nog maar een paar maanden of hij stond al als held te boek. Hij was op patrouille toen hij een auto zag die op twee wielen een bocht nam en vervolgens met gierende banden wegscheurde. Mijn broer hoorde een sirene in de verte en dacht dat de auto achtervolgd werd. Hij dacht geen seconde na, liet zich op een knie vallen, richtte zijn pistool en schoot de banden van de vluchtende auto lek. Het gerucht ging dat hij waarschijnlijk agent van het jaar zou worden voor zijn daad, terwijl ik vond dat hij geschorst had moeten worden omdat hij zonder erbij na te denken burgers in gevaar had gebracht die overal op de trottoirs liepen. Stel dat een van die kogels van de weg was geketst en iemand had getroffen?

Hoe dan ook, mijn oudste broer, prins na mijn vader, de koning, was opnieuw Meneer de Deugdzaamheid zelve, terwijl ik een nietsnut was, aan handen en voeten gebonden door een kind. Ik besloot dat ik, zelfs al kon ik niet gaan studeren, me toch kon ontwikkelen. Ik zocht bepaalde auteurs uit, en las dan elk boek dat hij of zij had geschreven, en vervolgens hun biografieën. Ik dacht dat ik misschien ook schrijver kon worden. Ik schreef af en toe nog een gedicht, maar nu zou ik overstappen op proza om geld te verdienen. Dat was het mooie ervan. Ik zou geen auto of oppas nodig hebben. Ik kon vanuit huis geld verdienen.

Precies een jaar nadat ik was opgepakt schreef ik een verhaal en zond het naar de *Famous Writers School* met een aanmeldingsverzoek. Ik had een ironische toon geprobeerd. Het ging over een meisje in de vijfde klas van de lagere school dat de hik kreeg toen ze ging biechten, wat maar niet overging. Dagen, weken, maanden, telkens als ze haar mond opende, kreeg ze de hik. Omdat het begonnen was bij de biecht, dacht ze natuurlijk dat het de wraak van God was, dus sloofde ze zich vreselijk uit om zich als een heilige te gedragen. Maar op een dag liegt ze uit gewoonte tegen haar moeder, en wonder boven wonder houdt de hik op. Ik kreeg een voldoende, met het commentaar dat ik talent had, maar les nodig had, wat geld kostte. Wat was ik weer slim geweest. Het was niet bij me opgekomen dat het iets zou kosten, of misschien dacht ik dat ik een hoog cijfer zou krijgen en ze me zouden smeken om te komen studeren, of misschien dat ik ontdekt zou worden door een beroemd schrijver. Toen ik de teleurstelling verwerkt had, nam ik een realistisch besluit en ging naar een uitzendbureau.

De intermediair, meneer Kelly, zei me dat ik niet veel hoefde te verwachten. Ik had geen vaardigheden of ervaring, maar hij zou zien wat hij kon doen. Hij belde me het eind van de week. Hij had een kantoorbaan voor iets meer dan het minimumloon bij Cyanamid, de plasticfabriek die Wallingford met gore chemische stank vervuilde. Of ik een pen wilde pakken om tijd, datum en het nummer van het kantoor te noteren. Toen zei hij: 'En nog iets. Ik wil graag dat je een beha draagt. Dat maakt een betere indruk.'

Ik legde neer en hoorde mijn oren ruisen. Ik was geschokt dat ik zo geschokt was. Ik zou die man nooit meer serieus nemen nadat hij dat gezegd had. Hoe was het mogelijk dat hij dacht dat hij er iets over te zeggen had of ik wel of geen beha droeg? En als dat de manier was om werk te krijgen, als je een beha moest dragen om een baan te krijgen, bleef ik liever arm, werkloos en trouw aan mijn principes. Zonder auto en oppas voor Jason (mijn moeder werkte nu elke avond in een fabriek, en haar kon ik het niet vragen) was een baan trouwens toch een luchtkasteel geweest. Het kwam allemaal op hetzelfde neer: de ellende die ik me op de hals had gehaald door op de middelbare school met een verkeerde jongen naar bed te gaan. En de naam van de ellende was Jason. Mijn cipier.

Ik las hem elke avond voor, om hem al jong liefde voor boeken bij te brengen. Zo zou hij misschien gaan studeren en niet in zijn moeders voetsporen treden – of, nog erger – die van zijn vader. Hij speelde voornamelijk met drie zusjes van de overkant, die hun moeder, Trudy, beten om aandacht te krijgen, maar gelukkig schenen ze hem niet te beïnvloeden. Wat hij het allerliefst deed was naar de sloot gaan, kikkers vangen en die in een koffieblik in zijn kamer houden. Als hij dat deed hoorde ik het *boink boink boink* van de kikkers die met hun kop tegen het plastic deksel sprongen. Dat duurde de hele nacht, tot ik 's morgens wakker werd en gilde: 'Laat die kikkers in vredesnaam vrij!' Hij smeekte me om met hem te gaan vissen, omdat het zijn droom was een enorme vis te vangen en die in de badkuip te laten zwemmen. Wat was er toch met jongens dat ze andere wezens zo graag gevangenzetten?

Jase was een mooi kind, zei 'alstublieft' en 'dank u wel', hield van kusjes en knuffelen, maar toch was hij als een buitenaards wezen. Ik had nog steeds liever dat hij een meisje was. Maar toch – jongen, cipier – was hij mijn voornaamste gezelschap.

We gingen bijna dagelijks bij mijn moeder eten. Ik keek naar soapseries met mijn zussen als ze uit school kwamen terwijl Jase bij mijn moeder in de keuken was. Hij kleurde en speelde met zijn Lincoln Logs of zijn auto met afstandsbediening, en als het eten op tafel kwam en hij wat mijn moeder voor ons allemaal had klaargemaakt niet lekker vond, maakte ze iets speciaals voor hem. Dat had ze altijd alleen voor mijn vader overgehad. Af en toe leende ik mijn moeders auto om met Jase naar buiten te rijden, wat meestal uitliep op een bezoek aan de Aardige Koeien. Zodra we stopten kwamen ze uit hun schuur en bewogen zich traag naar het prikkeldraad. Ze slobberden met hun natte neuzen over onze handen. We gaven ze namen en handenvol gras. Ik voelde een verwantschap met de Aardige Koeien, en Jason ook. Als we weggingen zei hij altijd: 'Arme koeien.' Ik vond het vreselijk dat ze geoormerkt waren voor de slacht. Jason en ik aten in die periode geen van beiden rundvlees. 's Avonds vertelde ik Jason soms verhalen over de Aardige Koeien waarin ze allerlei ellende en misère doorstonden, maar ten slotte in India terechtkwamen, waar ze gelukkig waren omdat ze daar heilig waren.

 Maar aan de eentonigheid van mijn bestaan zou spoedig een

eind komen, dacht ik. Het was herfst 1973 en Jason zou voor het eerst naar de kleuterschool gaan. Ik zou de helft van de dag vrij zijn, kinderloos, in m'n eentje, alleen – een staat waarnaar ik had verlangd vanaf de dag van zijn geboorte. Het jaar daarop, als hij de hele dag weg was, kon ik misschien, heel misschien, een baan vinden en aan het leven deelnemen. Ik trok hem een grijze jongensbroek aan, met een riem in plaats van elastiek in de taille. Toen trok ik een lichtblauwe trui over zijn hoofd om het blauw van zijn ogen te accentueren. Hij was een mooi kind. Ik wist dat de kleuterjuf dol op hem zou zijn. De meeste vrouwen waren dat.

Ik had voor de gelegenheid de auto van mijn moeder geleend. De kleuterklas hing vol met het ABC, plaatjes van dieren – huisdieren en wilde – en er was een chaotische verzameling moeders en kinderen. Ik dacht dat de andere moeders naar me staarden omdat ik te jong was om een kind op de kleuterschool te hebben, maar ik dacht dat mensen overal naar me staarden sinds mijn naam in de krant had gestaan.

We stonden in de rij op onze beurt met de juf te wachten, die een felrode rok droeg met een witte blouse met een Peter Pan-kraag, en een doorzichtige huid als een non had. Heel even wenste ik dat ik geen spijkerbroek aanhad, en even later was ik blij dat ik trouw aan mezelf was gebleven en gekleed ging als gewoonlijk. Jason kneep in mijn hand en boorde zijn hoofd in mijn middel. 'Ben je bang?' vroeg ik.

Hij knikte.

'Waarvan?' vroeg ik.

'Weet ik niet.'

De helft van de tijd was Jason behept met de mannelijke Donofrio-trek om zich niet te uiten. Daarom hielp ik hem een handje. 'Ik was ook bang toen ik naar de kleuterschool ging,' zei ik.

'O, ja?'

'Iedereen is bang.'

'Waarom?'

'Dat weet ik niet. Ik denk dat je bang bent om niet bij je

moeder te zijn. Bang van alle vreemde kinderen. Gewoon bang omdat je niet weet wat er gaat gebeuren. Is dat zo?'

Hij knikte en ontspande zijn greep om mijn hand. 'Ik ga nergens heen; sommige kinderen zul je aardig vinden en andere niet; en je zult zo snel gewend raken aan school dat je zou willen dat je niet telkens wist wat er ging gebeuren.'

'Mm-mm.' Jason geloofde alles wat ik zei, omdat ik hem altijd de waarheid vertelde. Toen zei hij: 'Je komt me toch halen, hè?' Dat wilde hij zeker weten.

'Jazeker.'

Mevrouw Deerie, de juf, speldde Jason een naambadge op – 'zodat ik je naam niet vergeet, jongeman' – en wees toen naar een stoel aan een grote vierkante tafel. Jason ging zitten en staarde recht voor zich uit. 'Nou, Jase,' zei ik, 'ik moest maar eens gaan.'

Hij knikte en bleef staren.

'Krijg ik geen kus?'

Hij ging staan, gaf me snel een kus, en ging weer in dezelfde houding zitten.

Thuis dronk ik een kop koffie. De vogels buiten klonken luider dan anders; omdat het zo stil was in de buurt leken ze hysterisch tekeer te gaan. Ik benijdde Jason en alle kinderen. De eerste schooldag was altijd spannend. Ik zag allerlei beelden van Jason voor me: zakdoekje leggen, een volkorenkoekje eten en melk met een rietje drinken in de pauze. De juf die tegen een kind – beslist niet Jason – zei dat het moest stoppen met bellenblazen. Toen ik me voorstelde dat hij leerde zijn hand op te steken om te vragen of hij naar de wc mocht, stootte ik mijn koffie van tafel. De kop brak en ik huilde. En wat dacht ik? Niet: hoe red ik het zonder Jason? Niet: kon ik ook maar naar school. Maar: ik word vast ongesteld; wat zal de menopauze een zegen zijn.

Die herfst was ik depressief, en het hielp niet dat Jasons juf me een slechte moeder vond. Om te beginnen mengde ik met Halloween groene voedselkleurstof door witte schoencrème en smeerde het op Jasons gezicht om een groen marsmannetje van hem te maken. Ik vond het creatief. Maar toen hij thuiskwam, was zijn gezicht schoongepoetst. Hij zei: 'Mevrouw Deerie zei dat het vergiftig was.'

Op de eerste ouderavond zei ze: 'Ik maak me zorgen over uw zoon. Telkens als er wat gestoeid wordt, zoals jongens nou eenmaal gewend zijn, trekt Jason zich terug bij de meisjes of gaat hij puzzelen. Is er een man in zijn omgeving?'

'Nee,' zei ik.

'Niemand om mee te voetballen of te spelen?'

'Eh... mijn vader, maar...'

Ik kon merken dat ze me meelijwekkend vond en dat Jason tekort kwam in zijn leven omdat ik niet voor de essentiële dingen kon zorgen. Ik dacht dat ze me speciaal in de gaten hield.

Een maand later, nadat Jason maar was blijven zeuren: 'Ik wil stekeltjeshaar, ik wil stekeltjes' (ik neem aan om er net zo uit te zien als alle andere conservatievelingetjes in de stad), haalde ik mijn elektrisch scheerapparaat te voorschijn, gekocht met groene zegeltjes van S&H, en schoor zijn prachtige haar eraf. Het probleem was dat het er in ongelijke stukken af kwam, waardoor zijn hoofd eruitzag als de landkaart van de Verenigde Staten, dus moest ik hem kaal scheren. De kinderen bij de bushalte noemden hem Kale Arend. Ze zeiden: 'Eet uit mijn hand, sprinkhaan,' wat ze uit een kungfu-film hadden waarin veel kale mannen voorkwamen. Jason wierp me dan een boze blik toe.

Ik stond met hem bij de bushalte omdat ik me als vrijwilliger bij de schoolbibliotheek had opgegeven om iets te doen te hebben. Twee dagen per week reed ik met hem naar school, en het leek Jase absoluut niet te deren om naast zijn moeder te zitten, ik denk omdat hij me niet zozeer als moeder zag, maar meer als een opgroeiend kind. Tijdens de rit wees ik onopvallend naar andere kinderen en vroeg of hij ze aardig vond, wat hij meestal bevestigend beantwoordde. Op zijn school deed ik alsof ik een echte bibliothecaresse was als ik boeken in alfabetische volgorde op de planken terugzette, en *Horton de olifant* of *Het spooktolhuisje* aanbeval aan kinderen die met hun pasje binnenkwamen.

Op een ijskoude dag in november moest Jasons juf surveilleren toen we uit de bus stapten. Ze nam me terzijde en fluisterde: 'Heeft Jason luizen?'

'Nee,' zei ik. 'Hij wilde stekeltjeshaar en ik ben uitgeschoten.'

'Ik begrijp het,' zei ze niet-begrijpend.

Toen sloeg ze haar arm om Jasons schouder, boog zich naar hem toe en zei: 'En, hoe gaat het vandaag, mijn kleine helper? Wil je iets voor me doen en mijn tas in mijn lessenaar leggen? Zo, ik moet weer aan de slag,' zei ze, bij wijze van hint dat ik kon vertrekken.

Ze vond me een moeder van niks en dacht dat zij meer om mijn zoon gaf dan ik. Misschien was dat wel zo. Ik had iets met een onderwijzer die zijn auto niet op mijn oprit wilde parkeren omdat hij zei dat hij bang was dat hij ontslagen zou worden. Hij deed alsof ik geen kind had. En ik ook. Dus als we een uitstapje maakten, vroeg ik Jason niet mee. Op een zondag reden we in Main Street en ik zag mijn ouders in hun auto met Jason vanuit tegenovergestelde richting komen. Toen we elkaar passeerden keek ik uit het achterraam en zag Jason ook uit het achterraam kijken. Hij bleef kijken, en even later was hij te ver weg om hem nog te kunnen zien. Ik voelde me bedroefd, en toen ik er die dag in de bibliotheek aan terugdacht, werd ik weer bedroefd. Ik kon me niet concentreren. Ik stempelde ONTVANGEN OP als het UIT OP moest zijn. Ik leunde met mijn elleboog op het stempelkussen en verpestte voorgoed mijn lievelingsblouse. En toen kwam de druppel.

De juf aan de andere kant van de gang praatte altijd heel hard en vandaag was geen uitzondering. Ze zei: 'Kinderen, kinderen, luister... Wat is een fabriek?'

Geen reactie.

Luider: 'Wat... is... een... fabriek?'

Geen reactie.

Gillend: 'Waar werken jullie ouders?'

Dat deed het 'm. Ik rende naar de wc's om te huilen. Fabriekswerk was het enige waarop ik kon hopen en misschien was het ook de enige toekomst voor mijn zoon. Ik was blank uitschot dat mijn zoon had kaalgeschoren. Ik kon net zo goed in West Virginia wonen. Wie hield ik voor de gek door te doen alsof ik bibliothecaresse was? Mensen als Jasons juf vonden me een idioot mens. Ik huilde zo hard dat de schoonmaker op de deur klopte en vroeg wat er aan de hand was. Ten slotte kreeg ik mezelf weer onder controle. Toen we thuiskwamen belde ik mijn moeder en zei dat ik ziek was. Ze bood aan Jason bij haar te laten slapen en hem de volgende ochtend naar school te brengen.

Zodra ze weg was belde ik het ziekenhuis en vroeg naar de Eerste Hulp. Ik zei tegen de man die ik aan de telefoon kreeg: 'Zou iemand die honderd aspirines inslikte doodgaan?' Hij zei dat honderd aspirines je maagwand zouden aantasten, waardoor je een bloeding zou krijgen en zou doodgaan. Hij zei dat ik die persoon zeker moest brengen. Toen vroeg hij wie ik was en ik hing op. Even later nam ik mijn potje met honderd aspirines en twee glazen water mee naar mijn kamer, liet de pillen op mijn bed vallen en nam er drie keer twee. Waarschijnlijk zouden mijn moeder en Jase me vinden. Waarschijnlijk de volgende dag, als ze hem van school thuisbracht, zouden ze me roepen, en als ik niet antwoordde zou ze Jase naar boven sturen om te zien of ik sliep. Misschien zou ik een briefje op tafel achterlaten zodat Jason me niet dood hoefde te vinden. Maar wat kon ik zeggen? 'Lieve mam, Jason, Rose, Phyllis, pap en Mike, vergeef me dat ik er een eind aan heb gemaakt. Liefs, Bev'?

Ik nam er nog twee en zinnen als: 'Het is altijd het donkerst voor het licht doorbreekt', en: 'Als het winter wordt, is de lente dan ver weg?' kwamen in mijn gedachten. Ik geloofde ze niet. Ik nam er nog twee.

Zwanger op mijn zeventiende. Gescheiden op mijn negentiende. Opgepakt op mijn eenentwintigste. Zelfmoord op mijn drieëntwintigste. Het had een prachtige symmetrie. Ik nam er nog twee.

Ik vond het niets, wat het leven me geboden had. God had het op mij gemunt. Niet dat ik in hem geloofde, maar toch zei ik: 'O, God,' of: 'Lieve God, alstublieft,' of: 'God, help me.' Ik beloofde mezelf hem nooit meer aan te roepen. Maar waar dacht ik aan? Ik zou dood zijn. Ik nam er nog twee. Dat was veertien.

De eerste keer dat ik bedacht dat God misschien niet bestond was ik twaalf en had ik net Hamlets monoloog ontdekt. Ik kon die nacht niet slapen. Er sloeg een tak tegen mijn raam terwijl meneer Gerace in zijn achtertuin zijn 'signaal' speelde. Hij moet dronken zijn geweest, want het was laat. Ik had mijn ogen gesloten en probeerde me voor te stellen hoe het zou zijn om dood te zijn, hoe het zou zijn om stof te zijn, geen herinnering te hebben, niets. Zelfs dat leek me een zegen. Ik nam er nog twee.

Jason zou beter af zijn, dat was zeker. Zelfs al moest hij bij mijn overbezorgde moeder en kille vader wonen. Mijn vader was tenminste niet tegen hem. Nog niet. Maar wacht maar tot hij naar de middelbare school zou gaan en betrapt werd met een biertje. Niet aan denken. Ik nam er nog twee.

Mijn zoon, die zo knap was geweest, zag eruit als een slachtoffer uit een concentratiekamp. Ik nam er nog twee. En nog twee. Dat was tweeëntwintig.

Toen herinnerde ik me mijn eerste zelfmoordpoging. Ik was dertien en verliefd op Trevis Glasker, die zestien was en om de hoek woonde. Hij droeg een zonnebril en zei dat hij Ray heette en blind was. Ik zette mezelf voor schut door hem achterna te lopen en zijn vrienden uit te schelden als ze hem pestten met zijn handicap. Op een dag liep Ray naar me toe, deed zijn zonnebril af, zei: 'Ik kan je zien,' en begon te lachen. Zijn blindheid was een vertoning geweest waar iedereen aan mee had gedaan. Ik rende naar huis en huilde zo hard dat de vogels uit de bomen wegvlogen. Ik pakte een scheermes uit het medicijnkastje en dook mijn kast in. Ik omhelsde mijn kleren en begon 'The End of the World' te zingen. Toen het uit was wilde ik opnieuw beginnen. Dat deed ik, en ik ging zo op in het drama dat het scheermes uit mijn vingers gleed en tussen twee vloerplanken terechtkwam. Ik besloot dat ik geen zelfmoord meer wilde plegen. Nog jaren later werd, telkens als ik aan Trevis Glasker dacht, mijn gezicht warm en wenste ik dat ik de gebeurtenis voorgoed kon vergeten.

Maar op een dag was het ineens grappig.

Als ik nu geen zelfmoord pleegde, zou ik op een dag waarschijnlijk lachen: een veroordeelde crimineel, terwijl mijn vader én broer bij de politie zaten, die in een schoolbus met een stel kleuters rijdt om naar haar nepbaantje te gaan, en die Jason eruit laat zien als een kind met luizen. Misschien zouden we op een dag foto's van hem in een schoenendoos vinden waarop hij eruitziet als een kleine Gandhi en ons dood lachen. Wat kon ik nu 'ns zingen? 'It's My Party and I'll Die if I Want To?'

Ik besloot ervan af te zien.

Hoofdstuk 11

ER SCHUILT BESLIST IETS van waarheid in die wijsheid van 'het is altijd het donkerst voor het licht doorbreekt', want de volgende ochtend belde ik de psychiatrische kliniek in het ziekenhuis en nam mijn leven een positieve wending. Mijn maatschappelijk werkster, mevrouw Goldfarb, pakte een notitieblok en potlood en maakte een lijst van alle drugs die ik in mijn leven had gebruikt: LSD, mescaline, Percodan, paardentranquillizers, Seconal, cocaïne, opium, amfetamines, hasjiesj en marihuana. Ze knikte en zei: 'Dat is een heel arsenaal.' Toen ik haar vertelde hoe mijn reclasseringsambtenaar me had behandeld, was ze furieus. Toen ik zei dat ik me schuldig voelde omdat Raymond verslaafd was geraakt omdat ik zwanger was geworden en zijn leven had verpest, zei ze dat dat belachelijk was. Toen ik zei dat ik bang was dat ik niet van Jason hield, zei ze dat ze overtuigd was van het tegendeel. Ik was blij dat ze woedend was op Stanley Stupski, maar wat die andere twee zaken betrof geloofde ik haar niet. Toch was het geweldig om iemand aan mijn kant te hebben. Nadat ik twee maanden lang een keer per week bij haar was gekomen, zei ze dat ik een goed stel hersens had: 'Je bent veel te intelligent om er niets mee te doen. Je zou moeten studeren.'

Ik begon te huilen.

Ze regelde een gesprek voor me met DVR, het bureau voor beroepsheroriëntatie, waar ik op allerlei aspecten getest zou worden: psychisch en qua persoonlijkheid, aanleg en prestatie. Als ik gestoord zou blijken te zijn, maar slim, zouden ze me naar de universiteit sturen; als ik gestoord en niet slim uit de testen kwam, zou ik een beroepsopleiding krijgen.

DVR was in het leven geroepen na de Tweede Wereldoorlog, om veteranen met lichamelijke handicaps fysiotherapie te geven en werkervaring te laten opdoen, zodat ze weer konden meedraaien in de maatschappij. Toen werd het uitgebreid tot iedereen die gehandicapt was, inclusief psychisch en emotioneel gestoorden, waartoe ik duidelijk behoorde.

De dag waarop ik getest zou worden, was ik er om zeven uur en moest aan een lange metalen tafel in een soort wachtkamer gaan zitten. Kort daarna kwam er een psychiater binnen. Hij droeg een ziekenfondsbrilletje en was zeker twee meter lang en anderhalve meter breed. Mijn tactiek was alle vragen te beantwoorden alsof ik gek was, zodat ze me zouden beschouwen als een gestoorde en als een kandidaat voor studie of opleiding.

Het bleek echter dat ik geen onderscheid kon maken tussen gestoord en gezond, waardoor ik dacht dat ik echt gek was. Eerst kwamen de gangbare tests aan de beurt. Toen stelde de 'psych' me vragen zoals: 'Wat betekent het gezegde: "Holle vaten klinken het hardst"?' Ik gaf de letterlijke en de figuurlijke betekenis. Hij leek onder de indruk. Hij liet me inktvlekken zien. Hij gaf me cartoonplaatjes om op volgorde te leggen. Hij stelde me vreemde vragen, zoals: 'Als je een geadresseerde, gefrankeerde brief op de grond zou vinden, wat zou je dan doen?' Ik veronderstelde dat het een misdaad jegens de staat was om hem aan te raken. Bovendien heb je in de stad geen loketten voor gevonden voorwerpen. Ik wist dat 'hem openen' het verkeerde antwoord was, hoewel ik me kon voorstellen dat ik zoiets zou doen. 'Hem posten' kwam niet bij me op. Ik zei eenvoudig: 'Ik weet het niet.' Toen gaf hij me plaatjes waarbij ik verhaaltjes moest verzinnen, en elke keer als de psychiater een nieuw plaatje liet zien, leek het alsof er maar één verhaal bestond dat erbij hoorde.

Op een plaatje lag een vrouw onder aan de trap. Haar ogen waren gesloten, en een oudere vrouw hield de jonge vrouw in haar armen. Ik zei: 'De vrouw des huizes is zojuist van de trap gevallen en heeft haar nek gebroken. Ze is dood. Nu houdt de werkster haar in haar armen terwijl ze zich afvraagt of het haar schuld is omdat ze de trap te glad geboend had. Ze is bang dat ze wordt ontslagen.'

Ik had waarschijnlijk moeten zeggen dat het haar moeder was en dat de jonge vrouw alleen maar was flauwgevallen of zoiets, omdat een paar weken later, toen ik in de DVR in het spreekkamertje zat om mijn resultaten te vernemen, de geriatrische meneer Randall zijn voeten op een melkkrat plaatste en zei: 'Uit de tests blijkt dat je moeite hebt met volwassen gedrag. Je haat je moeder.' Hij knipperde heel snel met zijn ogen en zei: 'Niet ongewoon. Niets waar je niet overheen kunt komen. Je hebt ook problemen met je vader. Je verzet je tegen autoriteit. Als iemand zegt dat je iets moet doen, doe je het tegenovergestelde. Als iemand tegen je zou zeggen dat je een beha moest dragen, bijvoorbeeld, zou je dat niet kunnen opbrengen.'

Hoe wist hij dat? En waarom zien ze allemaal dat ik er geen draag?

'Je maakt het jezelf moeilijk. Het lijkt erop dat je mannen ook haat. Dat begrijp ik. Ik kan me voorstellen dat het vandaag de dag niet makkelijk is om een gescheiden vrouw te zijn. Mannen denken dat ze daar gebruik van kunnen maken.'

Ze dachten ook altijd aan seks, zelfs al konden ze elk ogenblik het loodje leggen. Zoals deze.

'Het doet me plezier je mede te kunnen delen dat je heel intelligent bent.' Hij bladerde door de papieren. 'Je score is zevenennegentig procent, vergeleken met alle eerstejaars die dit jaar gaan studeren. Dat is behoorlijk hoog. De psychiater was heel enthousiast. Zijn advies is om je naar de universiteit te sturen.'

Ik voelde me zoals Hester Prynne zich gevoeld moest hebben in het volgende hoofdstuk, het hoofdstuk dat nooit geschreven werd, waarin ze in het bos is op weg naar haar verdere leven en ten slotte die belachelijke A er afscheurt en op het kampvuur gooit.

'Het heeft geen zin je een beroepscursus te geven; jij zou je nooit kunnen verenigen met een ondergeschikte positie. Ik zie je echter niet verder komen dan doctorandus. Je hebt niet de mentaliteit om met je ellebogen te werken.

Eén ding zit me echter dwars. Je lijkt op Esau, uit de bijbel. Je zou je geboorterecht voor een kom havermout verpatsen. Je leeft per moment. Dat baart me zorgen. Stel, we financieren je studie, dan studeer je af en besluit je dat werk voor de dommen is. Je gaat in een commune wonen of wordt artiest of iets dergelijks. Betaalt nooit belasting. Dan heeft DVR z'n geld verspild. Het gaat er juist om dat je een bíjdrage gaat leveren aan de maatschappij. We investeren in je. We zeggen: deze jonge vrouw zal productief worden. Ze zal een positie in de maatschappij innemen, en die niet de rug toekeren. Daarom sta ik in dubio. Als we je naar de universiteit sturen, nemen we een gok.'

Mijn geboorterecht verpatsen voor een kom havermout? Wat betekende dat? Dat ik de makkelijkste weg koos? Dat ik altijd op zoek was naar onmiddellijke bevrediging, als een klein kind? En wat betekende 'per moment leven'? Was dat iets als 'in het nu zijn'? Ik dacht juist dat dat goed was. Misschien leek dat te veel op boeddhisme. Misschien hielden christenen – en als ik er ooit een tegen was gekomen, was het deze figuur wel – daar niet van.

De engerd wilde me niet laten studeren.

'Dit is het probleem: ik wil je helpen, maar je hecht alleen waarde aan dingen waar je je zinnen op hebt gezet. Ik wil dat je me bewijst dat je wilt studeren. Wij betalen je studiekosten en boeken voor de openbare universiteit; beter kun je niet met jouw middelbare-schoolopleiding.'

Waarom moest ik altijd huilen van opluchting?

'Je behoudt je bijstandsuitkering. Maar je moet zelf voor vervoer en dagopvang voor je kind zorgen. Ik wil dat je duidelijk voelt dat je moet werken voor deze kans.'

Geen vervoer en geen kinderopvang, verdomme. Het ging juist om een auto en het kind. Als ik een auto en kinderopvang had, zou ik hier niet zitten in het kantoor van die ouwe gek om te horen te krijgen dat ik, op basis van tien uur testen door een reus, emotioneel en sociaal gestoord was. Waarom legden ze niet gewoon de tarot? Ik begon te hyperventileren. Hoe konden ze me met de ene hand laten studeren en het me met de andere afnemen? Ik was sprakeloos. Maar ik moest iets zeggen. Ik voelde mijn mond samentrekken. 'Middlesex is zeker vijfenzeventig kilometer reizen.' Het kwam eruit als een schreeuw, en ik kon er niets aan doen. 'Hoe moet ik daar komen?'

'Dat weet ik niet. Misschien kun je carpoolen. Neem contact op met de universiteit. Probeer uit te zoeken wie er uit jouw buurt komt. Toon wat initiatief. Je hebt genoeg in je mars. Doe er wat mee. Je moet gewoon iets verzinnen. Je krijgt het hier niet op een presenteerblaadje aangereikt.'

Hoofdstuk 12

MEVROUW GOLDFARB had me verteld dat ik een studentenkrediet kon krijgen om een auto te kopen. Nu deed mijn moeder de gordijnen een stukje open om voor het eerst naar mijn nieuwe auto op haar oprit te kijken.

'Mooi, hè?' zei ik.

'En zo schoon,' zei ze. 'Probeer hem zo te houden.'

Dat was typisch mijn moeder. Ik had na vier jaar zonder auto een pracht van een veertien jaar oude, smaragdgroene Volkswagen met gereviseerde motor gekocht, die me, tussen haakjes, niet alleen naar de universiteit zou brengen, maar uiteindelijk uit de bijstand zou halen – en het enige dat mijn moeder te zeggen had was: probeer hem schoon te houden. Het is waar, ik was grof tegen mijn moeder – waarschijnlijk al vanaf mijn puberteit – maar zij had ook negatieve kanten, en dit was de bekende druppel. Ik was dicht bij de laatste-strohalm-fase, en ik bedoel niet alleen met haar, maar met mijn hele familie.

Ik had niet eens de moeite genomen om mijn vader te vertellen dat ik naar de universiteit ging, omdat we amper met elkaar spraken en ik wist dat mijn moeder hem toch wel op de hoogte zou brengen. Vanavond, nu ik met Jason trots in mijn nieuwe auto naar hen toe was gereden, kwam mijn vader laat thuis voor het eten, legde zijn piepende walkie-talkie naast zijn bord en zei: 'Hoeveel staat er op de teller?'

'Zevenennegentigduizend, maar de motor is gereviseerd.'

'En hoeveel zei je dat je ervoor betaald hebt?'

'Vijfhonderd dollar.'

Hij schudde zijn hoofd alsof er een bij in zat.

'Cupcake,' zei Jason.

'Wat?' zei mijn vader.

'Zo heeft mijn moeder hem genoemd.'

Mijn moeder klikte met haar tong.

'Wat is daar zo vreemd aan?' zei ik. 'Het lijkt alsof er wit glazuur op zit.' De snuit was wit gespoten, waardoor hij ook op een pitbull leek, maar ik beschouwde hem liever als een cakeje.

'Ik weet het niet, Beverly,' zei mijn moeder.

'Wat weet je niet?'

'Laat maar.'

'Je vindt het kinderachtig om een auto een naam te geven. Je denkt dat ik gek ben.'

Mijn vader snoof verachtelijk, maar niemand reageerde.

'Ik vind dat hij op een cakeje lijkt,' zei Jason even later, tot mijn verbazing. Gewoonlijk, zelfs als we lol hadden, zelfs als het leek alsof hij even mijn beste vriend was, veranderde hij zodra mijn moeder verscheen in een verrader. Hij dreigde altijd aan mijn ouders te verklappen dat ik blowde. Nu had hij waarschijnlijk medelijden met me.

'Ik ook,' zei Rose, die inmiddels vijftien was en de godganse dag wiet rookte. Er was ten minste één iemand in mijn familie met wie ik enigszins uit de voeten kon.

Ik neem aan dat het niet zozeer om de auto ging, maar dat iedereen er altijd de nadruk op moest leggen wat een mafkees ik was, terwijl ze nauwelijks in de gaten hadden dat ik ging studeren, wat voor mij werd bezongen in die sentimentele liedjes als 'Climb every Mountain' en 'The Impossible Dream'. Ik bedoel, het was voor mij alsof ik hemel en aarde had bewogen, en toen ik mijn moeder het goede nieuws vertelde zei ze: 'Ik dacht dat je een baan wilde. Nu moet je nog – hoeveel – vier jaar?' Elke normale ouder zou trots zijn als zijn kind naar de universiteit ging, maar niet de mijne. Mijn ouders reageerden negatief.

Toen mijn broer binnenkwam voor het gehaktbrood dat we die avond aten, was dat de druppel die de emmer deed overlopen. Om te beginnen was hij in uniform. Vervolgens ging hij naast mijn stoel staan wachten tot ik op zou staan. Mijn broer woonde ook niet thuis, maar hij kwam net zo vaak eten als ik. Als we op dezelfde avond kwamen, stond ik mijn stoel aan hem af, maar niet vanavond.

'Bev, je zit op de stoel van je broer,' zei mijn moeder.

'Wie zegt dat het zijn stoel is?'

'Ga van m'n stoel af,' zei de blauwe kolos.

Ik wilde zeggen: 'Wat ben je van plan, klootzak? Me ervan langs geven met je gummiknuppel?' Maar God weet wat dat tot gevolg zou hebben. Hij zou me bij mijn elleboog van de stoel kunnen trekken. Mijn vader kon gaan schreeuwen. Alles was mogelijk. Ik was te laf om af te wachten. Ik ging van tafel en terwijl ik in de woonkamer ziedend zat te wachten tot Jason klaar was, dacht ik: waarom ben ik in godsnaam opgezadeld met zo'n familie? Een moeder die kennelijk bang is als haar bloedeigen dochter succes heeft in het leven (want dan zou ik van haar verschillen), opgroeien in een gezin waar de mannen het eerst bediend worden en de vrouwen hun stoelen aan hen moeten afstaan. Ik bezwoer dat mijn zoon zou gaan studeren en nooit zou mogen gaan denken dat hem iets toekwam op grond van het simpele feit dat hij met een penis was geboren. Toen troostte ik mezelf met de gedachte dat ik nu tenminste een auto had en naar de universiteit zou gaan. Zodra ik de stoelen van de tafel hoorde schuiven zei ik: 'Kom, Jason, we gaan.'

Dat was in de lente van 1974 en ik moest tot de herfst wachten op de eerste dag als student. Trillend van de zenuwen werd ik wakker. Ik ging onder de douche en maakte met een scheermes kammende bewegingen door mijn toch al elfjesachtig korte haar. Terwijl ik mijn lokken in de afvoer zag vallen, dacht ik terug aan toen ik klein was en ik mijn moeder krulspelden in mijn haar liet zetten voor mijn eerste schooldag, zodat ik zou lijken op mijn idool, Betty Boop, en een goede indruk zou maken. Ik vond dat ik een enorme ontwikkeling had doorgemaakt. Nu liep ik langs spiegels zonder erin te kijken; nooit droeg ik make-up, schoor ik mijn benen, of epileerde ik mijn wenkbrauwen, en ik had me zelfs een handdruk als een bankschroef eigen gemaakt. Dat was dankzij de assertiviteitstraining voor vrouwen die ik in New Haven had gevolgd zodra ik Cupcake had.

Toen ik uit de douche kwam was ik erin geslaagd mezelf een machogevoel aan te praten. Ik droogde me af, trok mijn tuinbroek aan en stak een pen en potlood in het zakje op mijn borst, wat me natuurlijk op de gedachte bracht iets te schrijven, waardoor ik aan leren dacht – wat precies de reden was waarom ik ging studeren – en weer kreeg ik de zenuwen. Ik dacht dat ik nu moest gaan bewijzen dat ik zo slim was als ik altijd had gedacht. Dat zou niet makkelijk zijn. Ik had me er op de middelbare school op laten voorstaan dat ik nog net niet achterlijk was en nu zou ik daar misschien de prijs voor betalen. Misschien zou ik wel in een bijscholingscursus geplaatst worden en dan zou mijn trots me dwingen uit een raam te springen.

In de woonkamer bleef ik staan om naar Cupcake te kijken voor ik koffie zette. Hij stond als een smaragd op de oprit te schitteren. Achter hem vloog een vel papier langs de goot, voortgedreven door windvlagen. Ik dacht dat dat vel het huiswerk van een of ander kind was. Ik voelde een brok in mijn keel en moest mezelf inhouden om niet te huilen. Ik kon nauwelijks geloven wat een geluksvogel ik was. Ik zou ook bij het menselijk ras horen.

Toen kwam Jason de kamer in gewandeld. Hij had weleens last van de zwartgallige buien van de mannelijke Donofriokant, het stil zitten broeden. Hij kon bij het ontbijt, de lunch of het avondeten de grote sfeerverpester uithangen. En het laatste waar ik juist nu op zat te wachten was dat hij zich als een donkere wolk gedroeg en me herinnerde aan wat tot dusver het grote blok aan mijn been was geweest.

Ik wist dat hij het moeilijk had omdat zijn moeder ging studeren, maar toen hij aan tafel afwezig in het luchtledige zat te staren, dacht ik dat het aandachtvragerij was, en dat maakte me kwaad. Het maakte me allergisch voor verwend veeleisend gedrag. Ik zei: 'Wat wil je voor ontbijt?'

'Wat is er allemaal?'

'Zie ik eruit als een serveerster? Wil je een menukaart?'

'Misschien wil ik Rice Krispies,' zei hij.

'En komen die nu naar de tafel zweven om in je kom te tuimelen, zoals op de reclame?'

'Nee,' zei hij, zijn stoel hard achteruitschuivend om de Rice Krispies te pakken.

'Vandaag is mijn eerste dag op de universiteit, weet je nog?' vroeg ik retorisch, omdat ik het hem goed duidelijk wilde maken.

'Dat weet ik,' zei hij terwijl hij melk op zijn Krispies schonk en er vervolgens twee scheppen suiker bij deed.

'Suiker is slecht voor je,' zei ik.

'Mag ik mee?' zei hij.

'Nee, dat kan niet.'

'Ben jij thuis als ik uit school kom?' Hij was zes jaar oud en wist al hoe hij zich als een Italiaanse echtgenoot moest gedragen.

'Ben ik dat niet altijd?'

'Nee.'

'Wanneer heb ik je ooit alleen thuisgelaten?'

'Eén keer. Toen ben ik naar Cassie gegaan. Weet je nog?'

'O, je hebt gelijk. Sorry. Ik was tien minuten te laat. Je had wel dood kunnen zijn.'

'Ja.'

Emancipatie was niet alleen bedoeld met betrekking tot mannen, maar ook met betrekking tot mentaliteiten en kinderen, en Jason zou het niet voor elkaar krijgen dat ik me schuldig voelde omdat ik iets deed wat ik wilde.

Toen hij weer beneden was nadat hij zijn tanden had gepoetst, zag ik dat zijn oren door zijn haar heen staken en dat hij zijn *Mighty Heroes*-lunchtrommeltje vasthield. Om de een of andere reden werd ik duizelig toen ik hem zag. Toen ik hem gedag knuffelde en voelde hoe fijn zijn botten waren, hoe klein hij eigenlijk was, hield ik hem waarschijnlijk te lang vast, want hij wurmde zich los en zei: 'Mam, de bus.'

Toen ik over kronkelwegen naar de universiteit reed, langs koeienweiden en maïsvelden, minderde ik vaart voor een blinde bocht en dacht aan Raymonds auto-ongeluk. Waar was Raymond trouwens? Wat deed hij elke dag? Had hij andere kinderen? Zou hij ooit aan mij denken? Toen vroeg ik me af hoe ik het in mijn hoofd haalde om op mijn eerste dag als student aan een verslaafde echtgenoot te denken. Misschien kwam het door mijn geluk dat ik aan tegenslag dacht. Misschien wil je je, als dingen veranderen, aan iets bekends vasthouden.

Middlesex Community College bestond uit een aantal platte, nieuwe, efficiënt ontworpen gebouwen die op een kluitje op een heuvel stonden, met net zoveel parkeer- als klasruimte. Het was een universiteit voor forenzen, zonder veel oog voor schoonheid of kleine extra's zoals zonwering voor de ramen, maar voor mij was het een paradijs. Het was door de jaren zestig geïnspireerd, een laatste kans. Als je op de middelbare school een nietsnut was geweest, kon je hier opnieuw beginnen. Als je vroeger te arm was om te studeren, kon dat nu wel, want Middlesex was goedkoop. Bovendien waren er decanen die leningen voor je konden regelen.

De kwaliteit van de leerstof? Misschien omdat de meeste studenten geen geld hadden, kregen we vaak één boek per curriculum dat de stof voor je voorkauwde in plaats van de bronnen aan te boren, wat naar mijn zin iets te veel op de middelbare school leek.

Hoogleraren? Ach. Je had Kirk Donnelly, wetenschappelijk medewerker Engels creatief schrijven 101, die ons advertenties uit tijdschriften liet meebrengen om te laten zien dat plaatjes meer uitdrukken dan woorden. Hij gaf ons opdrachten (Beschrijf een kamer... Gebruik een paradox... Schrijf een conversatie van een pagina), die hij meenam en nooit teruggaf, en vertelde graag eindeloos over zijn tweejarige carrière als technisch schrijver, toen hij handleidingen schreef om een auto van een merk dat ik ben vergeten zelf te repareren. Aan de andere kant van het spectrum was daar Phillip Henry, een man met een Rhodes-beurs, die filosofie doceerde door vragen te stellen waar niemand ooit aan gedacht had, over het immateriële van de materiële wereld, de subjectiviteit van waarheid, en de kringloop van tijd, waardoor ik zo aan het denken sloeg dat ik mijn hersencellen voelde groeien.

Dan had je nog mijn medestudenten. Er was er een van ongeveer mijn leeftijd, die, als haar gevraagd werd of ze alsjeblieft haar essay wilde voorlezen dat was opgegeven voor Engels, een onbeschreven vel papier pakte en deed alsof ze iets voorlas wat ze nooit had geschreven. Ik zat naast haar toen ze dat flikte, en toen ik zag dat ze werkelijk een blanco pagina voorlas, en wel drie minuten lang, kreeg ik de slappe lach. Meneer Donnelly glimlachte goedmoedig toen ze gestopt was en zei: 'Misschien wil je ons mee laten lachen, Bev?'

De vrouw wierp me een nijdige blik toe.

Ik kon niet zeggen waarom ik moest lachen, omdat ik zelf niet wist wat ik zo buitengewoon grappig vond. Behalve dat het me misschien deed denken aan de belachelijke boekbesprekingen die ik op de middelbare school verzon. Maar boekbesprekingen verzinnen was niets vergeleken bij wat deze vrouw ten beste gaf; dat was pure virtuositeit. Dit was wat je 'niet-gerealiseerd potentieel' zou noemen. Ik bewonderde haar en vond haar tegelijkertijd niet wijs omdat ze haar opdrachten niet uitvoerde. Waarom zou je hier komen als je niet wilde werken?

Misschien verwachtte ik dat iedereen hetzelfde ervoer als ik, alsof ik me elke dag volpropte aan een feestmaal na op water en brood te hebben geleefd. Ik voelde me buitengewoon bevoorrecht. Ik had medelijden met de achttienjarigen achter in het lokaal, de kauwgumkauwende, onderuitgezakte, spijbelende studenten met de slechte gewoontes van de middelbare school. Die moesten blijkbaar studeren van hun ouders. Maar ze waren in de minderheid. Voor in het lokaal, als flagrante tegenpool, zaten de uiterst rechtschapen grootmoeders, enkele vrouwen van middelbare leeftijd met een scherpe tong, een non, en een gepensioneerde verzekeringsagent. De meeste studenten waren echter van mijn leeftijd, rond de vierentwintig, en medeslachtoffers van een veelbewogen leven. Er waren wat Vietnam-veteranen via een legerprogramma; er waren andere moeders met kleine kinderen, hoewel de meeste getrouwd waren, en mijn twee nieuwe vriendinnen, Arlene en Lizzy. Arlene kwam uit Middletown en had op de middelbare school bij een meisjesbende gezeten. Ze had een litteken van een messengevecht op haar schouder en een tatoeage op haar knokkel. Nu schreef ze de prachtigste gedichten, waarin ze de natuur als metafoor gebruikte, en ze werkte als boekhouder. Lizzy was helemaal naar Californië gelift en weer terug, had bloed gegeven om eten te kunnen kopen en woonde in een tent bij de rivier. Toen ze op een dag thuiskwam had haar vriend, die kennelijk net zo goed gitaar speelde als Jimi Hendrix, zich van kant gemaakt. Toen was Lizzy haar stem kwijtgeraakt en in een psychiatrische inrichting beland, tot ze na vier maanden weer sprak. Nu werkte ze daar met autistische kinderen.

Ik maakte kennis met Lizzy en Arlene in het tweede semester, toen ik al besloten had dat ik alleen de hoogste cijfers zou halen. Ik moest heel wat bewijzen vanwege de mislukkingen uit mijn verleden, maar ik wilde ook hoge cijfers omdat ik in mijn eerste maand op Middlesex een vrouw tijdens een college geschiedenis tegen de vrouw naast haar hoorde zeggen dat ze een beurs voor Wesleyan wilde. Ik dacht dat ze loog of op z'n minst in de war was, want Wesleyan was weliswaar in dezelfde stad als Middlesex, maar wel honderd keer duurder, en vooral voor mensen met toelatingsscores van 1400 en diploma's van voorbereidingsscholen. Ik mengde me in het gesprek om te zien hoever ze zou gaan met haar verzinsels. 'Hoe kun je van hieruit op Wesleyan terechtkomen?' vroeg ik haar.

Ze zei dat het makkelijk kon als je alleen maar hoge cijfers haalde, omdat er voor topstudenten van de openbare universiteit een speciale beurs bestond, een Etherington-beurs. Mijn fantasie sloeg meteen op hol. Ik zou een beurs krijgen. Ik zou de enige op die hele universiteit zijn die in de bijstand zat. Een stel socialisten met een zwaar maatschappelijk schuldcomplex zou me onder hun hoede nemen en een heldin van de arbeidersklasse van me maken.

Ik ging naar huis en vertelde Jason waar het op stond. 'Ik moet alleen maar hoge cijfers halen,' zei ik, 'en jij moet me helpen. Als je me een boek ziet lezen of een werkstuk ziet schrijven, mag je me onder geen voorwaarde lastig vallen.'

'En als ik me gesneden heb?'

'Nou, goed, wel als je een snee hebt.'

'En als Andrew stenen gooit?'

'Jason, gebruik je eigen oordeelsvermogen.'

'En als Annie peuken rookt?'

'Jason!'

'Ik vind het niet leuk als je studeert.'

'Wil je dan dat ik altijd arm en dom blijf en in de bijstand blijf zitten?'

'Nee.'

'Leid me dan niet af.'

Stilte.

'Goed?'

'Oké dan.'

Ik ontwikkelde een talent voor pure concentratie, waardoor ik me totaal voor mijn omgeving afsloot als ik las of schreef. Jason moest zelfs aan mijn mouw trekken als hij mijn aandacht wilde. Als Jason op wintermiddagen vriendjes in zijn kamer had en ze ruzie maakten over wie eerst mocht, elkaar van vals spelen beschuldigden, of verstoppertje speelden waardoor het plafond boven mijn hoofd dreunde, probeerde ik de waarde van x, y, of z te bepalen en hoorde er niets van. Ik slaagde erin allemaal hoge cijfers te halen, wat niet moeilijk was toen ik eenmaal doorhad dat ik alleen de docent maar hoefde te vertellen wat hij of zij al had gezegd; of als dat een te groot persoonlijk compromis was, moest ik gewoon mijn eigen mening zo gewaagd mogelijk naar voren brengen. In de lente van 1975 vroeg ik om een plaats op Wesleyan, maar ik zou pas in de zomer iets horen omdat mijn cijfers van het tweede semester bekend moesten zijn voor er een beslissing werd genomen.

Eindelijk was het zomer. Het was woensdag, en ik was naar mijn laatste assertiviteitstraining voor vrouwen geweest. We stopten ermee omdat we maar met z'n vijven waren, en een vrouw ging verhuizen en een andere ging de hele zomer weg. We vierden het afscheid met een etentje waarvoor we allemaal een gerecht en een fles wijn meebrachten, wat inhield dat we na het eten behoorlijk aangeschoten waren. Iemand had Joni Mitchell opgezet en een van de vrouwen stond op en begon te dansen. Toen stonden we allemaal op. Ik had mijn ogen dicht en zong mee. *'I am on a lonely road en I am traveling traveling traveling, looking for something what can it be'* – en toen ik mijn ogen opende zag ik dat de andere vrouwen hun blouses hadden uitgetrokken.

Het eerste dat in me opkwam was: wat zou Fay zeggen? Op eentje na waren dit alledaagse vrouwen; op school zouden we hen mutsen genoemd hebben en links hebben laten liggen. In gedachten zag ik Fays gezicht bij het raam, dat me uitlachte omdat ik danste met een stel halfnaakte mutsen. Toen besloot ik dat Fay maar moest reageren zoals ze zelf wilde. Ik mocht deze vrouwen. Ze hadden mijn hele verhaal aangehoord – dat begon met een vader die me bespioneerde en tegelijkertijd negeerde, en eindigde met de ene lamlendige, onverschillige bedpartner na de andere – en ze hadden intelligent geluisterd, goede vragen gesteld ('Waarom zeg je altijd "seks hebben" als je over vrijen praat? Maak je geen onderscheid?') en medeleven.

Nu wilde ik ook mijn blouse uittrekken en meedoen met mijn vriendinnen. Maar het was lang geleden dat ik zonder blouse had rondgelopen – sinds ik acht was om precies te zijn – tenzij je in bed ronddarren met enkele tientallen minnaars meetelde, wat ik niet deed.

Ik sloot mijn ogen, haalde diep adem en trok mijn blouse uit. De lucht op mijn huid voelde als het tegengestelde van een streling. Koel. Stimulerend. Als het dan in één woord moest worden uitgedrukt: het was bevrijdend. Ik besefte dat het nooit zo bevrijdend zou zijn geweest als de laatste keer niet zo lang geleden was, en dat er iets te zeggen valt voor ontbering, namelijk het gevoel dat je krijgt als die voorbij is.

De volgende ochtend kreeg ik de brief van Wesleyan. Ik was aangenomen. Ze gaven me een appartement op de campus. Mijn bloeddruk schoot omlaag. Kleine glinsterende stippen zwermden over de pagina die ik las. Ik stopte mijn hoofd tussen mijn knieën om het bloed naar mijn hersens te laten stromen en de informatie te laten doordringen. Dat betekende dat ik uit Wallingford zou weggaan, waarschijnlijk voorgoed. Ik zou het ene leven achter me laten en een ander binnengaan. Ik hief mijn hoofd op en de glinsterende stippen waren verdwenen.

Hoofdstuk 13

ZEVEN JAAR nadat Raymond en ik als getrouwd stel in ons mintgroene duplexappartement waren getrokken, laadden mijn vader, mijn moeder, mijn broer, Jason en ik vroeg in de ochtend van Labour Day, 1975, twee gebloemde fauteuils die ik had gekregen van de vrouw die mijn trouwjurk had gemaakt, de keukentafel van Fays moeder, het slaapkamermeubilair van Jason en mij en dozen met alle andere spullen in mijn vaders vrachtwagen. Ik zou achter de vrachtwagen aan rijden in Cupcake. Toen iedereen was vertrokken, ging ik mijn huis binnen voor een laatste blik.

Het huis voelde afwachtend aan, alsof het ons al vergeten was en klaarstond voor de volgende ervaring. In mijn voormalige slaapkamer werd mijn aandacht getrokken door kleine zwarte vegen op de muren. Het waren vlekken van dode muggen van onze eerste zomer, voor we horren hadden, toen de muggen zich elke nacht tegoed deden aan mijn zwangere lichaam en ik ze elke ochtend als ze sliepen doodmepte met een opgerold tijdschrift. Toen ik naar de resten van hun slachting keek die ik er in zeven jaar nooit af had gewassen, met een lik verf had bedekt, of ook maar had opgemerkt, vroeg ik me af of dat meisje, die liever leed onder slapeloze nachten vol jeuk dan horren te kopen, die haar eigen opgedroogde bloed zeven jaar kon negeren, ooit een normaal mens kon zijn. Daarmee bedoelde ik of ik zou kunnen overleven, meedoen, de neiging weerstaan om de mist in te gaan en alles te verknallen.

Het huis dat ik op de campus had gekregen was niet echt mooi. Het was bedekt met ongelijkmatige grijze steentjes en had vier kleine kamers met lage plafonds, zonder licht, behalve in de keuken, en bruin geverfde vloerplanken die doorbogen in het midden. Ik besloot het huis te beschouwen als mijn kleine landhuisje bij de universiteit. Het had een veranda en een barbecue die met stenen in elkaar was gezet in de achtertuin, heesters, bloemen en bomen met eekhoorns die tussen de takken sprongen. Het lag aan een doodlopende straat met kuilen aan de rand van de campus, Knowles Avenue, en toen we de auto wegzetten zag ik een paar kinderen op de fiets van de heuvel jakkeren die grensde aan het hockeyveld aan de overkant, en ik vroeg me af of het vrienden van Jason zouden worden en wie mijn vrienden zouden worden.

Het was nog ochtend toen we begonnen met uitladen. Mijn moeder nam de touwtjes in handen. 'Je broer zal je vader met de zware spullen helpen. Ik wil niet dat je last krijgt van je rug... Zet het bed maar daar, niet bij het raam, voor de tocht... Als je je blikjes dichter bij het fornuis zet, is het makkelijker... Ik zet de glazen altijd boven het aanrecht... Wat? Doe je geen kastpapier op de planken?' Ze was niet meer te houden. Ik liet haar haar goddelijke gang gaan. Wat dacht ze, dat ik nog steeds die zwangere tiener was die ze naar het eerste appartement had helpen verhuizen?

Alles was uitgeladen. De vriend van mijn broer had hem opgehaald en mijn vader liep met Jason om het hockeyveld. Mijn moeder had de koelkast schoongemaakt en was bijna klaar met het fornuis toen ik op mijn bed ging zitten, mijn hoofd in mijn handen liet zakken en bedacht dat het bijna avond was en er misschien een prachtige zonsondergang te zien zou zijn, maar hoe moest ik dat weten? Als ik met vrienden was verhuisd, zouden we nu waarschijnlijk op de veranda zitten, pizza bestellen en bier kopen, en ruziën over wel of geen ansjovis. Waarom had ik mijn ouders laten denken dat zij als vanzelfsprekend de verhuizing zouden doen?

Dat was mijn stemming toen ik uit mijn slaapkamer de keuken in liep en zag dat mijn moeder de keukentafel tegen een andere muur schoof dan waar ik hem had neergezet. 'Hoe haal je het in je hoofd om die tafel te verplaatsen?' gilde ik.

'Anders krijg je te veel zon. Ik dacht alleen...'

'Je dacht alleen dat je het beter wist. Je dacht alleen dat ik niet goed snik ben. Knoop het in je oren, dit is míjn huis.'

'Nou.' Ze ging recht staan en stak haar borst naar voren.

Ik gaf haar niet de kans iets te zeggen. Wat mij betrof had ze geen excuus. 'Mam, ik weet dat je het moeilijk kunt accepteren, maar ik ben anders dan jij en ik ga een ander leven leiden. En dat begint hier en nu waar ik de godvergeten Campbell's-soep heb gezet.' Ik pakte een blikje en verzette het van bij het fornuis naar boven het aanrecht.

'Dan heb je me niet meer nodig, neem ik aan. Dan gaan we maar.'

Nu voelde ik me ellendig. 'We zijn verhuisd. Je zult wel moe zijn.'

'Sonny,' riep ze naar buiten. Ze opende haar sigarettendoos, nam er een Kent uit en stak hem aan met een aansteker. Mijn vader liep achter Jason naar binnen. Hij wreef met zijn zakdoek over zijn gezicht, sloeg zijn enkels over elkaar en leunde tegen het fornuis. 'Klaar?' vroeg hij.

'Kom hier,' zei ze tegen Jason.

'Gaan jullie al weg?' zei Jason.

'Je zult je Mim missen, dat weet ik zeker,' zei ze.

Jason sloeg zijn armen om haar heupen. Nu zou ze interlokaal bellen. Ze zou nooit meer langskomen omdat ik op de route lag. Ik voelde me als een nazibeul die Jase in de ene en haar en mijn vader in de andere rij duwde.

Ze kuste Jase op zijn wang, klemde haar tas tegen haar buik en zag eruit alsof ze ging huilen toen mijn vader zijn hand in haar rugholte legde en haar naar buiten loodste. 'We houden contact,' zei hij door het autoraam toen ze wegreden.

De volgende ochtend om negen uur stonden Jase en ik in de rij bij het Science Center, het moderne gebouw op de campus, om ons te laten inschrijven. Ik was bang dat mensen naar me zouden staren omdat ik de enige was die ouder was (vijfentwintig over een paar dagen) en de enige met een kind. Ik was inderdaad de oudste en de enige met een kind, maar ook de enige die dat opviel. Aangezien ik net zo goed onzichtbaar had kunnen zijn kon ik veilig om me heen kijken, en wat ik zag waren mensen van een andere soort. De jongens hadden overontwikkelde hoofden en onderontwikkelde lichamen en de meisjes hadden schapenkrulletjes, rugzakken en strakke gezichten. Ik voelde me de Student van een Andere Planeet.

Jase had zijn *Night of the Living Dead*-gezicht getrokken en zei: 'Hoe lang moeten we hier wachten?'

'Tot we de eersten in de rij zijn.'

De rij was zo lang als een voetbalveld. 'O,' zei hij alsof hij zo in tranen kon uitbarsten. Ik was al doodnerveus, vooral omdat ik vreesde dat ze als ik aan de beurt was zouden zeggen: 'Beverly hoe? Het spijt ons. U staat niet op de lijst.'

'Jason! Doe me een lol,' siste ik, en toen tikte een lange slungelige jongen me op de schouder en vroeg: 'Pardon, is dit de rij voor inschrijvingen?'

'Ik denk het wel,' zei ik. Wat kon het anders zijn?

'Pardon,' zei hij, tegen het meisje achter me. 'Is dit de rij voor inschrijvingen?'

'Absoluut,' zei ze.

Absoluut? Wie zei er in 's hemelsnaam 'absoluut'? Zou ik uit deze mensen mijn vrienden moeten kiezen? Waarom moest ik zo nodig weg van de openbare universiteit terwijl ik daar nog een jaar had kunnen blijven voor ik deze enorme sprong naar rijkeluisland nam? Een gezette knaap wurmde zich voor mij in de rij. 'Marcy!' riep hij, een en al enthousiasme. 'Ik had geen idee dat jij hier ook zou zijn.'

'Josh! Lieve hemel. Wat een verrassing,' zei ze.

'Ik ben net aangekomen,' zei hij. 'Ik heb nu al heimwee naar mijn vleugel.'

Heimwee naar zijn 'vleugel'? Deze kinderen waren *rijk*. Naar een universiteit gaan waar een jaar onderwijs een gezin van zes kon kleden, voeden en huisvesten was voor de meesten van deze mensen net zo gewoon als wc-papier in het toilet. Hoe zou ik ooit met ze kunnen opschieten? Er gleed een zweetdruppel langs mijn slaap. Toen de rij voorwaarts bewoog trapte ik op de hiel van de schoen van de dikke knaap.

Hij draaide zich om.

'Sorry,' zei ik.

Hij glimlachte en draaide zich weer naar Marcy.

'Mam, dat deed je expres,' fluisterde Jase.

'Nou en?'

'Waarom?'

'Het maakt me kwaad dat hij zo rijk is.'

'Waarom?'

'Omdat wij dat niet zijn, denk ik.'

'Maar we zijn toch niet arm?'

'Nee. En het is niet eens belangrijk om rijk te zijn. Je kunt waarschijnlijk beter arm zijn. Alleen beschouwen sommige mensen het als iets vanzelfsprekends en denken ze nooit aan mensen die het niet zijn.'

'Ik word rijk,' zei Jason. 'Als ik op zijn hiel zou trappen zou je kwaad op me zijn.'

'Ben je soms mijn geweten?'

'Wat is dat?'

'De stem in je hoofd die zegt wanneer je iets verkeerds doet.'

'Nee.'

'Onthou één ding: jij bent het kind en ik de moeder.'

'Ja, klein meisje,' zei Jason.

Toen ik hier later aan terugdacht vroeg ik me af of ik niet net zo slecht was als mijn eigen moeder, omdat ik andere mensen niet toestond anders te zijn, zoals zij de Campbell's-soep geen andere plek wilde geven.

Toch was ik verlamd van angst om het verschil en deed niets anders dan studeren, omdat ik dacht dat alleen dat iets zou opleveren. Dus toen mijn docent me te spreken vroeg toen ik vier dagen vooruit had gewerkt en mijn eerste Engelse essay had ingeleverd, dacht ik dat hij net als een van de docenten op Middlesex me zou vragen voor de universiteitskrant te schrijven. Toch was ik toen ik zijn kantoor in liep op van de zenuwen. Docenten op Middlesex waren normale mensen, terwijl deze een duivelse geitensik had, een accent als Katharine Hepburn, en de gewoonte rood aan te lopen en vervolgens los te barsten met regels van Wordsworth: '"Grote God! Liever was ik een heiden gezoogd door een uitgeput geloof..."' Dit als hij het lokaal binnenstormde en tekeerging over een pompbediende die hem 'ouwe jongen' had genoemd. Stel dat mijn grammatica niet correct was? Stel dat hij me een vraag stelde in bewoordingen die ik niet begreep?

Hij zat in een leren stoel tegenover me in plaats van achter zijn bureau en glimlachte vriendelijk. 'Je hebt moeite met schrijven,' zei hij.

Ik vergat te ademen. 'Ik kom van de openbare universiteit,' zei ik bij wijze van uitleg.

'Inderdaad,' zei hij alsof dat te merken was.

Toen ried hij me aan een bijscholingscursus te doen waarvoor ik *geen studiepunten* zou krijgen. Ik kon in zijn kantoor mijn trillende lip nauwelijks in bedwang houden. Ik ging naar de wc en huilde, zittend op de bril. Ik kon niet zakken, dat kon gewoon niet. Ik wist dat ik het arme familielid was dat hier door de achterdeur was binnengekomen, maar ik had gedacht dat ik het – academisch gezien althans – wel aan zou kunnen. De vernedering was des te hartverscheurender omdat ik had gefantaseerd dat ik, als ik was afgestudeerd, naar New York zou verhuizen om schrijver te worden. Ik scheurde een handvol wc-papier af en snoot mijn neus. Er stond nog een onaangebroken rol. Dat was typisch Wesleyan, dacht ik toen ik naar buiten liep: extra papier in elk hokje. Nergens een stofje of rommel, elk raam in elk oud gebouw ging open met een vingerbeweging, elk gazon was perfect bijgehouden, en er was aan geen enkele boom een dode tak te bekennen.

Ik zou alleen maar depressief worden als ik naar huis ging,

dus dwaalde ik door de kunstfaculteit, een groep vierkante kalksteengebouwen her en der verspreid onder sparren. Het was onwerkelijk. Het zag eruit als een maanlandschap. Ik liep langs een student die hardop een gedicht las onder een boom. Ze waren overal, springend, zingend, fluit spelend. Een vrouw stond onder een gewelf en speelde op een *doedelzak*. Dit, dacht ik, is wel iets heel anders dan Susan Gerace die 'signaal' speelde bij ons in de buurt.

Susan Gerace was, had ik gehoord, bij de marine gegaan, en had waarschijnlijk geen idee dat er zoiets als Wesleyan bestond. In Wallingford zagen de mensen het als je de straat in het midden overstak in plaats van op de hoek, en kon je gearresteerd worden. God verhoede dat je in jezelf praatte; dan zouden ze je waarschijnlijk op een zolder opsluiten. Op een maanloze nacht vorige week was ik zo hard als ik kon met uitgestrekte armen over het sportveld gerend en over een plas gesprongen, waardoor ik onder de modderspatten kwam te zitten, en ik dacht dat ik de volgende keer over een trottoir zou huppelen. Ik wilde nooit vergeten waar ik vandaan kwam of hoe het daar was, omdat het grootste deel van de rest van de wereld daar woonde – en voor zover ik wist woonden er veel boeiender mensen –, maar toch wilde ik er niet meer wonen.

Ten slotte ging ik naar huis en dacht aan de buurt waar ik woonde. De eerste week hadden de mensen met kinderen in mijn straat een vergadering (drie docenten, hun werkende vrouwen, nog een alleenstaande moeder die studeerde, en ik) om gemeenschappelijke dagopvang te regelen. Dat betekende dat ik maar een dag in de week om drie uur thuis hoefde te zijn, als onze negen kinderen uit school kwamen. Om de dag was ik tot zes uur vrij. Jason kon met andere ouders praten en in andere huizen spelen. Hij had vrienden die zijn rug masseerden in plaats van tegen hem boksten, die stenen verfden in plaats van ze te gooien, en die vegetariërs waren in plaats van peukenrapers. Ze schreven een toneelstuk en nodigden ons ouders uit. In het stuk werkte de vrouw, en kwam ze uitgeput thuis, en toen haar man haar een kaastosti voorzette als avondeten, zei ze: 'Krijg ik geen groente?'

Toen ik thuiskwam wilde ik nog steeds niet naar binnen om met mijn neus in de boeken te duiken, en ik besloot naar het voetbalveld aan het eind van de straat te lopen. Ik kwam langs Jase en zijn vrienden, die op een veranda hun nieuwe toneelstuk instudeerden: *Inval van de Martiaansen in het Witte Huis.* Jason was de president. Ik hoorde hem zeggen: 'Wat is Martiaans?' en Brett: 'Een Martiaan is wat er voor je staat,' en ik riep: 'Goeie tekst!'

'Hallo, ma,' zei hij. 'Waar ga je naartoe?'

'Alleen maar een eindje om.'

'O,' zei hij, waardoor ik me alleen voelde omdat hij niet vroeg of hij mee mocht, en jaloers omdat hij zich helemaal thuis voelde en ik niet.

Op het voetbalveld keek ik naar rechts naar de school voor jeugdige delinquenten op de heuvel. Ik zocht naar een zwanger meisje dat ik uit alle macht had zien schommelen, maar ze was er niet. Ik vroeg me af, zoals zo vaak sinds ik haar voor het eerst had gezien, of die geobsedeerdheid die ik voor haar had niet wat ongezond was. Kon ik het verleden niet loslaten? Maar dat ze op een school in de buurt zat en dat we zoveel gemeen hadden was toch te toevallig om te negeren. Bovendien kon ik haar misschien op de een of andere manier helpen. Ik had al een keer over haar gedroomd. Ze had op de heuvel geschommeld alsof haar leven ervan afhing, maar ze was ouder en niet zwanger. Ik vroeg me af of ze mij was.

Ten slotte ging ik naar huis, sloeg mijn *Nortons Bloemlezing* open en dwong mezelf te lezen.

In de lente was er het een en ander veranderd. Om te beginnen had de 'ouwe jongen', de docent, me een acht gegeven, en ik had wat waardevolle dingen opgestoken in mijn bijscholingscursus, zoals het gebruik van voegwoorden als 'daartoe' en 'dientengevolge' in mijn essays, en ze niet te besluiten met een definitieve conclusie, omdat conclusies te makkelijk waren, afgezien van moeilijk te verdedigen. Verder had ik het zwangere meisje al een tijd niet gezien, en ik was haar bijna vergeten toen ik een jongen de heuvel af zag stormen en zag ontsnappen door het veld. Ik voelde me uitgelaten. Ik kon het bijna niet laten te roepen: 'Kom op, jongen, rennen!' Ik hoopte vurig dat hij het zou halen. Ik hoopte ook dat het zwangere meisje het zou halen. Toen werd een paar dagen later Cupcake gestolen. Ik vervloekte de pech die ik had. Ik verweet mezelf dat ik zo achteloos was geweest, hem nooit had afgesloten en de sleutels erin had laten liggen.

Mijn vader liet een signalement verspreiden en wonder boven wonder kreeg hij een week later een telefoontje van een agent in Bridgeport, honderd kilometer verderop, die zei dat hij Cupcake in een achterbuurt die Hell's Gate heette had gevonden. In het startslot stak een sleutel die blijkbaar in een ijzerwinkel was gemaakt, hoewel de oorspronkelijke sleutels nog steeds in de auto op de grond lagen. Een paar weken later gebeurde precies hetzelfde. Cupcake werd gestolen, in Bridgeport gevonden en geretourneerd.

Ik verzon een verhaal. Vervolgens geloofde ik het. Het meisje was van school gegaan nadat ze haar kind had gekregen en was door haar gemene ouders gedwongen het af te staan. Maar haar vriend zat nog steeds vast. Hij had Cupcake in de gaten gekregen en een sleutel laten maken die erop paste. Toen hij zijn kans schoon zag, klom hij door het raam van het hok van de verwarmingsketel, rende de heuvel af en over het veld en stal de auto, waarna hij helemaal naar Bridgeport reed, waar het meisje woonde. Hij werd gesnapt, maar niet uit het veld geslagen deed hij het opnieuw. Deze keer was Cupcake teruggevonden, maar de jongen was niet opgepakt. Hij was bij het meisje, die dacht dat dat het beste was dat haar ooit was overkomen, terwijl het in werkelijkheid het ergste was. In werkelijkheid liet ze zich waarschijnlijk op dat moment voor de tweede keer zwanger maken.

Ik vroeg me af of, zoals het Cupcakes bestemming was om vluchtauto te zijn, het mijn bestemming was om verbonden te zijn met zwangerschap en voortijdig beëindigde jeugd die eeuwig duurt omdat hij nooit is gerijpt. Misschien was het waar, misschien niet. Alleen de tijd zou het leren, maar intussen had ik het bewijs dat verandering mogelijk was. De eerste was Sally Dummerston, die mijn beste vriendin werd. Ze had twee dochters en was de enige alleenstaande moeder in de straat. Toen ik haar tijdens mijn eerste week op de universiteit ontmoette, stelde ze zich voor met de woorden: 'Hallo, ik ben ook een vrouw in een overgangsfase.' Vrouwen in een overgangsfase waren een categorie waarin de universiteit het dozijn of wat alleenstaande moeders had ondergebracht, en ik dacht toen: iedereen die zichzelf in een categorie plaatst, is geen mens waar ik ook maar twee woorden mee wil wisselen. Bovendien zag ze eruit als een cheerleader. Maar Jason en Sally's oudste dochter, Elizabeth, waren beste vrienden en door de omstandigheden werden we naar elkaar toe gedreven, tot we op een avond dronken werden en ik Sally voor het eerst in haar leven liet blowen en ze bekende dat ze niet alleen een vrouw in een overgangsfase was, maar ook een dochter van de Amerikaanse Revolutie, en daar kregen we wel tien minuten de slappe lach van.

Sally en ik vormden met onze kinderen een gezin. We kookten samen en aten meestal bij Sally, want zij had een eetkamer met een piano, waarop ze Chopin speelde, een kroonluchter en linnen servetten. Van Sally leerde ik alles over WASPS. Ik vroeg haar: 'Wat wíl je dan?' en ze zei: 'Het maakt niet uit,' of: 'Kijk maar,' als het wel iets uitmaakte. Ten slotte begreep ik dat ik haar iets vier of vijf keer moest vragen voor ik de waarheid kon verwachten, omdat Sally vond dat de waarheid spreken anders onbeleefd was. Ze glimlachte en was beleefd tegen iedereen, zelfs tegen de hordes saaie, onaantrekkelijke, ongetrouwde docenten die 's morgens, 's middags en 's avonds onaangekondigd langskwamen voor een dosis van Sally's glimlach en minzaamheid. Ik weet dat ze sommigen van hen verachtelijk vond omdat ze dikdoenerig of oersaai waren, maar ze bood hun wijn of bier aan, zette Linda Ronstadt op en deed toch alsof ze naar hen luisterde. Als onze kinderen zich aanstelden zei ze: 'Nou is het welletjes, kinderen,' terwijl ik zei: 'Koppen dicht.'

Toen Sally een jaar voor mij afstudeerde, waren Jase en ik bedroefd, maar er was troost: we raakten hen niet echt kwijt want ze verhuisden maar naar New Haven en ik vroeg de universiteit om haar huis, dat ik ook kreeg en het was veel groter en prettiger dan het mijne. Vervolgens vroeg ik twee afgestudeerde mannen om het huis met me te delen.

Ze heetten allebei James en waren groot en vriendelijk, net golden retrievers. Ik had ze tijdens een college 'Op weg naar een socialistisch Amerika' ontmoet, en nadat ze waren afgestudeerd bleven ze om een politiek tijdschrift op te richten. Het waren types die pamfletten uitdeelden en actie voerden tegen elk onrecht en elke vorm van discriminatie. Ze werden dronken met hun vrienden en bleven op tot diep in de nacht om te discussiëren over sociale democratie versus socialisme, strooiend met termen als 'hegemonie', en zongen dan tot slot, als de zon opkwam, 'We Shall Overcome'. Ze hadden talloze vrienden die op bezoek kwamen. Twee of drie bleven een paar maanden. We organiseerden enorme maaltijden en grootse dansfeesten, waarbij de mensen naar buiten tot op de straat stroomden. We zongen in de auto als we naar de supermarkt of de wasserette gingen met Jason. We speelden Beverly Hillbillies onder het eten. Soms lazen we bij het nagerecht gedichten bij kaarslicht; soms schoven we de eettafel in een hoek en leerden Jase en ik ze de dansen uit *Saturday Night Fever*, die we uit ons hoofd kenden omdat we de film wel vijf keer hadden gezien.

Zoals toen Fay in 1971 bij me introk, was dit een droom die waarheid werd. Er woonden twee mannen bij me in, die basketbalden met Jason en hem voorlazen, wat zeker zo goed was als een vader. Bovendien plaatsten ze me niet direct op een voetstuk omdat ik uit de arbeidersklasse kwam, maar ze voelden zich niet op hun gemak met hun eigen sociale privileges en waren heel nieuwsgierig naar mij en mijn familie. 'Stemt je moeder automatisch zoals je vader, of kiest ze zelf? Heeft haar fabriek een vakbond? Wat vindt je vader ervan dat je met twee mannen samenwoont?'

Hoofdstuk 14

HET ANTWOORD OP DIE VRAAG liet niet lang op zich wachten. Mijn vader kwam langs om een kruidenrek op te hangen dat hij voor mijn verjaardag had gemaakt, en gaf geen hand toen ik hem voorstelde. Daar had ik natuurlijk de pest over in.

De zaterdag daarop ging ik naar mijn ouders in een doorzichtige blouse en begon een gesprek met mijn moeder. 'Ben je weleens in een seksshop geweest, ma?' vroeg ik.

'Nee,' zei ze met een nerveuze blik op mijn vader, die deed alsof hij niet luisterde terwijl hij naar een wedstrijd van de Giants op tv keek.

'Daar hebben ze een pop. Die blaas je op tot ze net zo groot is als een mens. Er zit een gat in...'

Mijn vader ging de kamer uit en sloeg met een klap de deur van de kelder achter zich dicht, waar we even later het gegier en gezoem van zijn elektrische zaag hoorden. Dit was de eerste keer sinds ik me kon heugen dat mijn vader ooit een Giantswedstrijd niet afkeek. Ik beschouwde het als een overwinning.

'Goed zo,' zei ik tegen mijn moeder. 'Wil je de Bette Davis-film op vijf zien?'

'Je moest je schamen,' zei ze.

De universiteit had me niet veranderd in de ideale dochter. Misschien was ik wel erger dan ooit. Ik gebruikte met opzet woorden die ze niet begrepen omdat ik weigerde mijn taalgebruik in te perken en te buigen voor onwetendheid, en ik kon het niet laten de levensstijl van mijn ouders tegenover mijn moeder te bekritiseren. 'Hoe hou je het uit met die tv continu aan? Het lijkt wel Novocain voor je hersenen.'

'Je weet hoe je vader is.'

'Heb jij dan niets te zeggen over wat er in je eigen huis gebeurt?'

'Alsjeblieft, Beverly, begin niet weer.'

Met Thanksgiving stelde ik voor dat mijn vader en broer afwasten. Ik werd uitgelachen. Ik gaf mijn moeder de wind van voren. 'Jij accepteert het. Wat mankeert je? Misschien vind je het wel prettig, eigenlijk. Je bent een martelares.'

'Jij doet wat jij wilt in jouw huis en ik doe wat ik wil in het mijne,' zei ze ten slotte en ik hield erover op.

Dat betekende echter niet dat mijn moeder ophield over mij. In mijn laatste semester bracht ik Jason een weekend naar haar toe, zoals vaak op vrijdagavond, om hem daar te laten tot zondag. Deze vrijdag zei ze: 'Eerlijk, Beverly. Kijk je nooit naar je zoon? Kijk naar hem. Kijk eens naar hem.'

'Wat? Wat is er?' zei Jase terwijl hij omlaag keek naar zichzelf. Hij had vuile nagels en vet haar dat in strengen op zijn voorhoofd viel, en hij droeg slonzige, duidelijk te vaak gedragen kleren. Tot ze het zei, was het me niet eens opgevallen. Ik dacht terug en kon me niet herinneren wanneer hij voor het laatst in bad was geweest. Ik voelde me vreselijk schuldig, en tijdens de terugrit van mijn moeders huis dacht ik erover na.

Eerst dacht ik aan Sasha, de vrouw die anderhalf jaar boven me had gewoond in het huis met de grijze steentjes. Ze had een zoon van drie, Armond, voor wie ze, als je het mij vroeg, overbezorgd was. Ze deed nooit mee met onze gemeenschappelijke dagopvang. Armond kwam zelden buiten, zelfs niet om in de tuin te spelen. Op gezette tijden werd Sasha gek en dan bonkte ze de trap af met Armond onder haar arm als een voetbal en klopte bij mij aan. Als ik de deur

 opendeed, vertrok haar gezicht van woede en zei ze: 'Ik breng

Armond naar het weeshuis. Hij heeft zich vreselijk misdragen. Ik kan er niet meer tegen.' Dan begon Armond te huilen en liet Sasha hem beloven dat hij braaf zou zijn, en daarmee was het drama afgelopen. Als ze echt woedend was voerde ze het verder door, sleepte het kind mee naar de auto en reed naar een of ander gebouw waarvan ze hem wijsmaakte dat het een weeshuis was. Hoe dan ook, op een dag was ik weg, en ik kwam niet thuis voor het donker werd. Misschien had Jason iets gedaan dat haar kwaad had gemaakt, Armond geplaagd of zoiets, of misschien was Sasha gewoon gestoord; ik weet het niet, maar toen ik thuiskwam, stond ze laaiend in de hal. 'Je bent een waardeloze moeder,' zei ze. 'Je verdient het niet om een kind te hebben. Hoe kun je een achtjarig kind vijf uur lang alleen laten? Vijf uur zonder iemand?' Op dat moment wilde ik zeggen: 'Ik dreig hem tenminste niet met een weeshuis,' maar ik haalde slechts mijn schouders op.

Nu dacht ik aan wat Sasha had gezegd, omdat mijn moeder me erop had gewezen dat ik Jason lichamelijk verwaarloosde, en ik vond dat ze allebei in zekere zin gelijk hadden. Ik werd een steeds slechtere moeder. Ik vroeg me zelfs af of ik niet volkomen aan het doordraaien was.

Er was genoeg dat in die richting wees. Ik blowde bijvoorbeeld steeds vaker voor college. Verder dronk ik 's morgens soms Kahlúa in een glas melk in plaats van koffie. En vorig semester was ik naar mijn decaan gegaan, met Jason op mijn schoot als bewijs, om te vragen of ik een vak kon laten vallen. Ik zei: 'Het is oneerlijk dat er op deze universiteit studenten zijn die hun badkamer laten schoonmaken door een werkster, terwijl ik dezelfde studielast heb, moet koken, schoonmaken en zorgen voor een kind, en parttime moet werken (als redactieassistent, tien uur per week).' De decaan had zonder meer ingestemd en zei: 'Natuurlijk. Laat maar een vak vallen, als je wilt. We begrijpen dat het zwaarder is voor alleenstaande moeders.'

Dat gaf me meer tijd, dus legde ik het aan met een drugsdealer, Sonny Tune, die in een Lincoln Continental reed en een geweer in een aktetas bij zich droeg. Een belangrijke reden om met hem om te gaan was om over hem te kunnen praten en de uitdrukking op de gezichten van James I en II te zien als ik me liet ontvallen dat Sonny zijn geweer onder zijn bed legde als hij bleef slapen. Sonny duurde niet lang. Omdat hij me alleen uit een telefooncel kon bellen en vice versa, was hij al vrij moeilijk te bereiken, maar toen een rechter eenmaal een dagvaarding voor hem had laten uitschrijven, was het onmogelijk.

Vervolgens ging ik dit laatste semester, een paar weken geleden om precies te zijn, naar een bar in Hartford, waar ik een gespierde aap, ene Rocky, oppikte, die een witte Cadillac had. Toen we in zijn auto gingen zitten voor een snuif cocaïne, rolde hij een biljet van duizend dollar op voor dat doel en vroeg: 'Ben je ergens voor te porren?'

'Hoe bedoel je?' zei ik.

'Je weet wel. Jij en ik en mijn vriend Sal?'

'Natuurlijk,' zei ik, 'doen we.' Toen gaf ik hem een verzonnen telefoonnummer.

Die dag in de auto, terwijl ik voor me zag hoe Jason eruit had gezien toen ik hem bij mijn moeder afzette, vond ik dat hij leek op een negenenhalfjarige David Copperfield nadat zijn moeder was gestorven, en ik besloot niet verder af te glijden voor het echt misging. Ik bedacht dat mijn verwardheid misschien het gevolg was van een lichte zenuwinzinking die ik had omdat ik binnenkort zou afstuderen.

Wesleyan had me een uitstekende opleiding gegeven, kosteloos, waar ik bovendien werd voorbereid op het leven in de betere kringen. Het had me een huis gegeven en de weg voor me vrijgemaakt. Het was als de ideale vader voor me geweest maar ten slotte zou het zich gedragen als mijn echte vader, die zo lang geleden had gezegd: 'Als je eenmaal dit huis uitgaat, kun je niet meer terug.'

Laten we eerlijk zijn: ik had het niet zo best gedaan in m'n eentje, de eerste keer. Ik vond het geen toeval dat ik mannen gebruikte als middel om de weg kwijt te raken, vanwege het succes waarmee ik ze in het verleden voor hetzelfde doel had gebruikt – bewust, of onbewust – te beginnen met Skylar Barrister achter in een auto, geparkeerd bij een vuilnisbelt.

Ik besloot beter op te letten en me te storten op goede zorg en een betere moraal. Om te beginnen zou ik de regel instellen dat Jason elke avond in bad ging, en zou ik met hem afspreken om volgend weekend naar de film te gaan.

Alsof de duvel ermee speelde, ging de week tussen mijn voornemen en onze filmafspraak Cupcake kapot. De monteur zei dat er een nieuwe wisselstroomdynamo in moest, wat ik moest uitstellen omdat ik geen geld had voor de reparatie. Cupcake onder een dikke laag sneeuw in de achtertuin beschouwde ik als een onheilspellend voorteken. Het was mijn laatste semester. Ik stond op het punt af te studeren en misschien zou ik beter worden van een graad, maar misschien zou ik ook tot de status van iemand zonder auto gereduceerd zijn. Wat hield dat in?

Ik bestudeerde een berg literatuur en zag overal symboliek en voortekens. Ik zag spoken. Ik vrolijkte mezelf op. Er waren meer dan genoeg studenten die vier jaar lang studeerden zonder ooit een auto te hebben. Ik kon naar alle colleges lopen. Ik kon boodschappen doen in de kleine, hoewel duurdere, winkel op de hoek. Ik kon met buren meerijden. Uiteindelijk zou ik genoeg gespaard hebben voor de reparatie. Het zou wel lukken.

Zaterdagavond, de avond waarop we naar de film zouden gaan, was het ijskoud. Het had acht uur gesneeuwd en langs alle wegen en opritten lagen bergen sneeuw. De paden waren bedekt met ijs. Jase en ik pakten ons dik in en gingen op weg om *Dog Day Afternoon* te gaan zien in de bioscoop op de campus, en onderweg kochten we voor Jason wat snoep in de winkel op de hoek.

Zodra we de hete lucht in de lobby voelden, trok Jason zijn wanten uit en stak zijn handen in zijn zakken om aan zijn snoep te voelen, toen hij ontdekte dat er nog maar één piepklein pindababbelaartje over was. 'O, nee!' zei hij. 'Ze zijn door het gat gevallen.' Zijn feestelijke stemming verdween als sneeuw voor de zon. Meteen voelde ik me schuldig over het gat in zijn zak, omdat het er was, en omdat ik het niet had geweten. We gingen zitten. Jason, die opgewekt met me gebabbeld had toen we naar de bioscoop liepen, was veranderd in een zwart gat op de stoel naast me. Zijn stemming klaarde pas weer iets op halverwege de film, toen hij lachte om Al Pacino's travestiete vriendin/vriend. Toen we de bioscoop uit kwamen, liepen we een kennis tegen het lijf, Dan, van wie Jason wist dat hij een auto had. Jason fluisterde tegen me: 'Denk je dat Dan ons een lift kan geven?'

Dat ik in mijn leven opnieuw zonder auto zat, in combinatie met Jasons voorstel dat ik aan een man zou vragen om ons uit de nood te helpen, irriteerde me mateloos. 'We lopen,' siste ik. 'Dat is goed voor je.'

Eenmaal buiten begon Jason te klappertanden en voetje voor voetje te lopen om te laten zien hoe koud hij het had. Bijna buiten mezelf van woede greep ik hem bij de schouder en draaide hem om om hem zijn capuchon op te zetten. 'Au!' riep hij tot mijn schrik.

Mensen bleven staan om naar ons te kijken.

Ik knielde voor hem, zei: 'Sta stil,' en trok zo hard aan het touwtje van zijn capuchon dat het brak.

'Je hebt het kapotgetrokken!' gilde hij, waarvan ik opnieuw schrok. Toen riep hij: 'Je bent knettergek! Ik loop weg.' Hysterisch gedrag was niets voor Jason. Zeuren, mokken, tegenspreken – ja, maar hysterie beslist niet. Toen ik daar nogal verbijsterd bleef staan, liep hij weg en liet me achter in de sneeuw terwijl de helft van de universiteit naar me staarde alsof ik een kindermishandelaar was.

Ik zag zijn kleine zwarte gestalte over de sneeuw glijden, tot hij achter een heuvel verdween en ik alleen nog maar zijn zwarte capuchon er bovenuit zag. Af en toe draaide hij zich om om te zien of ik hem volgde. Ik voelde iets in mijn borst kriebelen alsof ik elk moment in lachen kon uitbarsten. Maar

Jason verdween steeds verder uit het zicht en ik begon te rennen. Toen ik hem genoeg had ingehaald, rende en liep ik afwisselend zodat de afstand tussen ons niet meer dan honderd meter bleef. Toen mijn kind van me wegliep alsof ik zijn vijand was, moest ik aan een recent geval van kindermishandeling denken. Jason had een vriendje te spelen van school en ze vuurden pijlen met rubberpunten af op de Jamesen en mij, terwijl we een ingewikkelde Mexicaanse maaltijd aan het bereiden waren voor een van onze socialistische professorvrienden. Jason had ons al ongeveer een halfuur gebruikt als schietschijf, toen ik me niet langer kon concentreren zonder me aan de kinderen te ergeren en ik begon te vinden dat ik het niet hoefde te tolereren. Het was zelfs belachelijk dat het zover was gekomen. Dus ik zei tegen een van de Jamesen: 'Grijp die indiaan!' Dat deed hij, en ik pakte een ei en sloeg het stuk op Jasons hoofd.

Ik vond het grappig. Jason zag de humor er niet van in. Hij was woedend. Zijn gezicht werd rood en zijn ogen puilden uit toen hij zei: 'Je bent knettergek!' Daarna rende hij naar boven en sloot zich op in de badkamer. Hij liet me niet binnen, maar ten slotte liet hij de Jamesen wel binnen. Later zeiden ze dat Jason had gehuild en had gezegd dat hij later advocaat werd en zich zou specialiseren in de rechten van kinderen, wat ik eerder had gehoord. Hij zei ook dat hij nu bang was dat zijn vriend in de klas zou vertellen dat zijn moeder een ei op zijn hoofd had stukgeslagen. Wat niet bij me was opgekomen. Nu ik Jason bij het kruispunt zag stilstaan – waar hij, als hij linksaf ging, werkelijk zou weglopen, maar als hij rechtsaf ging bijna thuis zou zijn – bleef ik ook staan, en dacht dat ik misschien vervloekt was omdat ik zo jong met een kind was opgezadeld, maar dat Jason net zo vervloekt was door met mij opgezadeld te zijn. Hij ging rechtsaf. Mijn hart hield op met bonzen en ik liep de rest van de afstand. Thuis nam ik ook de tijd. Ik zag de plasjes die zijn laarzen hadden achtergelaten toen hij de trap op was gelopen naar zijn kamer. Ik zette wat cider op een gaspit en rookte een sigaret terwijl ik wachtte tot hij warm was. Ik wist dat we moesten praten, maar wist niet wat ik moest zeggen. Ik keek naar de gitaar die hij eerder op de avond had gepakt om te doen alsof hij erop speelde, terwijl hij zich op de poef telkens op zijn knieën liet vallen. Soms, als Jason vrolijk was, hadden we plezier. Soms kon hij helemaal in een rol opgaan. Dan zongen we uren in de keuken en gingen disco dansend uit ons dak.

Hij lag in bed met de dekens over zijn hoofd. Ik ging naast hem zitten. 'Je bent een domkop,' zei ik bij wijze van grap.

'Ben je me daarom de hele weg terug achternagerend, om me een *domkop* te noemen?' Hij huilde.

Plotseling was ik weer kwaad. 'Je gaf me een schuldgevoel, omdat we Cupcake niet hadden.'

'Hè?'

'Je weet dat hij kapot is en dat ik het geld niet heb om hem te laten repareren, en toch moest je maar klagen. Ik kan er niets aan doen.'

'Daar ging het niet om,' zei hij. 'Ik wilde een lift naar huis, want ik had het koud en was moe. Daar ging het niet om.' Hij snikte zo dat hij zich verslikte. Ik tilde hem op mijn schoot en wiegde hem. Ik had gedacht dat Jason wilde dat ik me schuldig voelde, terwijl hij alleen moe was geweest. Hij had helemaal niet aan mij gedacht. Net zoals ik niet aan hem had gedacht.

Dacht ik altijd dat alles wat Jason zei en deed ten doel had iets in mij teweeg te brengen? Was ik zo egocentrisch? Was dit het gevolg van mijn overtuiging dat zijn geboorte mijn leven had verpest, zodat ik vergat dat het kind een eigen leven had en ik alleen maar dacht aan hoe zijn leven het mijne beïnvloedde? Was mijn persoonlijkheid zo onontwikkeld geweest toen ik hem kreeg dat hij eenvoudig een deel van me werd, zoals een berk die geënt is op een iep?

Ik streelde zijn rug. Zijn gezicht lag warm en nat tegen het mijne. Ik hoopte dat het feit dat hij voor zijn grootmoeder het zonnetje in haar leven was zou goedmaken dat hij voor mij onzichtbaar was geweest.

Ongeveer een maand later liet ik de auto repareren en in mei dat jaar, 1978, studeerde ik af als doctorandus Engels. In juni begon ik uit te kijken naar een appartement in Little Italy – daar was het goedkoop en veilig – in New York, waar ik vastbesloten was te gaan wonen en fortuin te maken, hoe dat ook mocht gaan. Ik vond mijn appartement op 24 juni, op dezelfde avond dat ik Cupcake total loss reed.

Ik was alleen en reed Central Park uit, toen ik de witte verhoging die het inkomende van het uitgaande verkeer scheidde niet zag en er recht overheen zeilde, waardoor ik midden tussen het inkomende verkeer belandde. De motor begaf het en de lichten vielen uit. Toen ik uitstapte zag ik dat de banden plat tegen de zijkanten waren gedrukt en dat de onderkant vol tegen het asfalt lag. Ik hield een taxi aan, die de achterkant indeukte terwijl hij hem op Fifth Avenue naar de stoeprand duwde, waar ik hem achterliet. Toen ik de volgende ochtend terugging, stonden de portieren open; de accu was weg, de inhoud van het dashboardkastje lag overal verspreid en de golfbal die als knop op de versnellingspook had gezeten, was eraf getrokken en voorgoed verdwenen. Ik bleef de hele dag bij de auto op de bank zitten en huilde.

Ik was van plan geweest om Cupcake weg te geven. Hij was achttien jaar oud en was nog maar weinig waard, en ik had me laten vertellen dat ik hem in New York niet nodig zou hebben. Hij zou moeilijk te parkeren zijn en duur in gebruik. Nu wenste ik dat ik er nooit mee naar New York was gereden, dat ik hem in de achtertuin van mijn ouders had gezet, waar hij veilig zou hebben gestaan; dat ik een gat in het dak had geboord en er een boom in had geplant.

Deel twee

Hoofdstuk 15

ALS WE BIJ MIJN OUDERS aankomen is het negen uur 's avonds, pikdonker, en de regen valt niet langer met bakken uit de hemel. We zien mijn moeder voor het raam en een seconde later is ze bij de deur. Ze wacht niet tot we uitgestapt zijn voor ze begint te praten. 'Eindelijk zijn jullie er. Wat een weer.'

'Ik wed dat ze drie uur voor het raam heeft staan wachten,' fluistert Jason tegen me.

'Alleen regen,' zei ik.

'Maar met al dat verkeer?'

Jason loopt met lange soepele stappen naar de voordeur, waar mijn vader nu achter mijn moeder staat. Mijn moeder kust Jason terwijl mijn vader zijn hand schudt en zijn andere hand op de schouder van mijn zoon legt, die hoger is dan de zijne. 'De student,' zegt hij, Jason op de schouder kloppend. Die drieeenheid in de deuropening maakt dat ik me vreemd voel. Eenzaam of melancholiek, in het besef althans dat niets hetzelfde blijft.

We gaan naar binnen en ik voel me helderziend. Ik kan precies voorspellen wat er het komende halfuur gaat gebeuren. Mijn moeder zal honderduit vragen over de rit, alsof we de halve wereld zijn overgestoken over continenten overspoeld door moessons terwijl we slechts tweeënhalf uur in de regen vanuit Manhattan over de noordelijke snelweg zijn gereden. Jason zal een stuk afsnijden van wat ze voor de gelegenheid heeft gebakken, het opeten en dan naar de hobbyruimte op zolder gaan, beter bekend als zijn kamer. De Castro-slaapbank is al een bed. Hij zal zijn sciencefictionboek uit zijn rugzak pakken, op bed gaan liggen met de afstandsbediening voor de tv binnen handbereik, en zich voor de nacht installeren. Sinds zijn puberteit zoekt hij, als hij bij zijn grootouders is, als een kat de stille, rustige plekjes op. Thuis in New York, omdat ons appartement zo klein is, sluit hij de deur van zijn kamer of hij gaat naar de Poolse kroeg een paar straten verderop, waar hij schaakt met een oude Roemeen, die hoeden van papieren zakken draagt, of hij speelt urenlang pool, zolang als hij de tafel niet hoeft prijs te geven.

Is dat triest?

Mijn kind had geen gezellige woonkamer met familiefoto's aan de muur, geen horde broers en zussen om mee te vechten om een plek op de bank. Nee. Mijn zoon had alleen mij. Meer toegespitst op mijn gevoelens van dit moment: ik had alleen mijn zoon en een kat, Lou, als gezelschap in mijn appartement. En nu Jason zo meteen naar boven zal vertrekken, krijg ik een voorproefje van het grotere, ingrijpendere, permanentere vertrek naar de universiteit de volgende dag. Maar wat is daar zo bijzonder aan? Vanwaar die somberheid? Had ik mijn vuist niet naar het plafond geschud, omdat ik alleen wilde zijn en een appartement voor mezelf wilde? Had ik niet staan trappelen tot de dag waarop ik niet meer voor een kind hoefde te zorgen dat op mijn schuldgevoel werkte? Dan, als in een flits, word ik getroffen door een beeld van niet zo lang geleden. Dat hij staat te wachten tot ik uit een auto ben gestapt, zodat hij hand in hand met me kon lopen. Ik ben melodramatisch. Ik kan er niets aan doen. Eindigheid heeft dat effect op me. Bovendien zit het in mijn bloed.

Alles gaat zoals voorspeld, en als Jason eenmaal naar zijn kamer is verdwenen, richt mijn vader zijn aandacht weer op de tv, en mijn moeder en ik zitten aan de keukentafel met koppen thee voor ons. Mijn moeder roert wat melk door de hare en zegt: 'Mijn gebeden zijn verhoord.'

'Ma,' zeg ik. 'Bid je werkelijk?'

'Natuurlijk. Wat denk je wel niet van me? Natuurlijk,' zegt ze beledigd.

'Ja, maar sommige mensen gebruiken het alleen maar als een losse term. Ik vroeg me af of je echt bidt of het bij wijze van spreken bedoelt.'

'Elke avond. Ik bad dat Jason allemaal hoge cijfers zou halen en een beurs zou krijgen. Toen dat gebeurde, beloofde ik dat ik nog veel meer onzevaders en ik weet niet meer hoeveel weesgegroetjes zou bidden. Ik bid dat je succes krijgt met je schrijven. Ik vraag niets voor mezelf. Alleen dat ik kracht krijg.'

Ik kijk op van die onthulling. Ik bedoel, ik wist dat mijn moeder in God geloofde, alleen al door het aantal keren dat ze heeft gezegd: 'Zie je nou? God straft je,' als ik bijvoorbeeld een pak melk op mijn voet liet vallen. En met haar meest gebruikte verwensing riep ze de Heilige Familie aan: 'Jezus, Maria en Jozef, als jullie nu je mond niet dichthouden, kinderen, vermoord ik jullie.' Maar ze ging nooit naar de kerk, behalve voor doopfeesten en begrafenissen. Ze zei dat de priesters voornamelijk Ieren waren en uit op geld. Maar nu ik eraan denk: altijd hangt daar die streng paarlemoeren rozenkransen aan haar bedspijl, waarvan ik aannam dat die daar als decoratie hing, net als het kruis boven haar bed.

Nu zie ik een beeld van mijn moeder – die kleine vrouw (mijn moeder is ongeveer vijf centimeter gekrompen sinds mijn jeugd), met een grote neus en haar dat meer roze dan bruin is omdat het grijs de verf niet meer opneemt – op haar rug, met de kralen van haar rozenkrans tegen haar platte borst geklemd, biddend voor mij en Jason en de rest van de familie, avond na avond, jaren en jaren en jaren. Ik neem aan dat ik geluk heb. Hoeveel mensen hebben een moeder die elke avond voor hen bidt? Maar mijn moeder kennende, bad ze waarschijnlijk voor het verkeerde, zoals toen ik haar vertelde dat ik ging studeren en ze zei: 'Ik dacht dat je een baan wilde.' Maar de laatste tijd denk ik dat er misschien wel een groter plan is, dat het eind al besloten ligt in het begin, en dat we er niets aan kunnen doen, niet tijdens een leven. Dat we niets kunnen doen aan wat er gebeurt, maar wel heel wat aan wat we ermee doen. Het komt allemaal neer op hoe we ernaar kijken.

Nu denk ik dat mijn moeder me beschouwt als heiden. Ze zegt: 'Ik wed dat jij je de gebeden niet eens meer herinnert.'

'Ik ken ze nog wel,' zeg ik.

Nu loopt Jason door de keuken op weg naar de badkamer om zijn tanden te poetsen, maar hij wordt door mijn moeder, die teruggekomen is op aarde voor haar rol als onmisbare moeder, in een hinderlaag gelokt. 'Ik heb zeep voor je gekocht, hoor, een groot pak – voordeelverpakking – en shampoo en tandpasta, wattenstaafjes, scheerschuim, een paar notitieblokken, pennen, sokken, ondergoed; kun je nog iets bedenken?'

'Nee,' zegt Jason.

'Nee,' zeg ik.

'Heb je lakens, handdoeken, een kussen?'

'Ja,' zegt Jason.

'Ja,' zeg ik.

'Heb je een regenjas, laarzen?'

'Nee,' zegt Jason, terwijl ik 'ja' wilde zeggen. 'Ik draag geen regenjas of laarzen,' zegt hij. Dat is het verschil tussen Jason en mij: ik lieg honderd procent om mijn moeder tevreden te stellen, Jason maar voor de helft. Nu heeft hij haar op de kast.

'Wat? Je zult longontsteking krijgen. Wat ga je dan doen als het regent?'

'Verdrinken,' zegt Jason, en ik lach.

'En jij,' zegt mijn moeder. 'Jij dwingt hem natuurlijk nooit.'

Ik haal mijn schouders op. Het is het oude debat. Goede moeder, slechte moeder. Is het erger een overbezorgde moeder te hebben die je eeuwig en altijd klein probeert te houden, of een die je bijna verwaarloost en je daarom verantwoordelijk voor jezelf maakt? Heb ik Jason uit onverschilligheid verwaarloosd? Ik denk van niet. Het was onze gewoonte. We begonnen als twee kinderen die voor elkaar zorgden, en er is niet zoveel veranderd, ook al ben ik bijna zesendertig. Ik wilde terug naar de bron en vroeg het op een keer aan Jason. We zaten in een restaurantje in onze buurt in de binnenstad van New York. Ik smeerde boter op een stuk brood en Jason dompelde een ijsblokje in zijn cola onder met een rietje. Hij was chagrijnig en niet erg spraakzaam, wat regelmatig voorkwam sinds hij een jaar tevoren zijn eerste pukkels had gekregen. Hij was vijftien.

'Zou je een echte moeder willen?' zei ik.

Hij glimlachte. 'We zijn meer huisgenoten dan moeder en zoon, hè?'

'Ja,' zei ik, verbaasd uit zijn mond te horen wat ik vaak bij mezelf had gedacht. 'Maar zou je weleens willen dat we normaler waren?'

'Nee,' zei hij. 'Zo is het beter.'

Misschien wilde hij alleen maar dat ik erover ophield, dus ik ging door met vragen – op zoek naar de waarheid, of, misschien, geruststelling. 'Als ik een normale moeder was' – hielp ik hem op weg – 'zou ik je geen pool laten spelen bij Stella.'

'Inderdaad.'

'Of thuis laten blijven als je zin had.'

'En ik zou waarschijnlijk elke dag mijn bed moeten opmaken.'

'Maar ik zou ook ontbijt en avondeten voor je maken.'

'Dat is waar,' zei hij.

Jason en ik deden samen boodschappen voor het eten en hij kookte net zo vaak als ik, hoewel zijn repertoire beperkt was tot taco's, hamburgers en diepvriesmaaltijden (voor hem, niet voor mij), terwijl ik goed kon koken als ik er zin in had. De helft van de tijd aten we in het restaurantje waar we op dat moment zaten: een hoofdgerecht van vlees, aardappelpuree en een groente voor twee dollar vijfennegentig. Of we haalden iets bij de Chinees om de hoek, of bij Pete's a Pizza op 14th Street.

'Maar,' zei ik, 'ben je blij?'

'Ma, je bent een goede moeder,' zei hij.

Hij zei dat misschien alleen om me te ontzien, maar dat was net zo goed als de waarheid. Jason, zo wist ik, was mijn vriend geworden. Het was begonnen toen we naar New York verhuisden. We kenden daar geen van beiden een mens en hadden alleen elkaar, en voor het eerst in mijn leven kon ik Jason niet bij mijn moeder kwijt en zijn loyaliteit verschoof van haar naar mij. Misschien begon het toen we 's nachts hoorden schieten en we in het donker door de muur praatten die onze kamers scheidde. 'Hoorde je dat, ma?'

'Ja.'

We liepen de hele stad door, gingen naar voorstellingen van twee films achter elkaar, gingen naar tweedehandswinkels, keken naar mensen op straat. We liepen overal hand in hand. Als ik met Jason was, lieten de mannen met dreigende ogen en dierlijke geluiden me met rust, uit respect voor de jongeman, of misschien uit respect voor het moederschap.

Toen ik een goeie kroeg ontdekte een paar straten in westelijke richting, met foto's van Al Pacino en Frank Sinatra aan de muur, ging ik daar een biertje drinken met Jason, die van de eigenaar cola en chips kreeg. Jason leerde poolen en vrijdagsavonds kon hij op zijn tiende de tafel weleens twee uur lang beheersen. Maar na een maand of zeven camaraderie ontmoette ik Nigel. Nigel was elf jaar ouder dan ik, en schilder. Hij was op feesten geweest met John en Yoko, en woonde in het Chelsea Hotel, waar Sid Nancy vermoordde. Ik was onder de indruk. Hij had altijd een fototoestel bij zich en legde elke zucht, elke kwade blik, elke lach vast met een klik. Ik haalde mijn verloren tijd met de cosmeticafabrikanten in voor al die jaren dat ik hun producten niet had gebruikt, omdat ik een achtentwintigjarige lopende, pratende, kroeg lopende Barbie was geworden.

Jason had de pest aan Nigel. Waarschijnlijk omdat hij gestoord was. En er ook zo uitzag. Hij had blond haar, dat recht overeind stond, en doordringende, uitpuilende blauwe ogen, die nooit een zachte uitdrukking kregen. Hij was behept met ernstige verlatingsangst, wat betekende dat hij me niet uit zijn blikveld kon laten verdwijnen. Toen vond ik dat prima omdat het betekende dat hij me zou onderhouden, mocht ik mijn baan als secretaresse opgeven, die ik had genomen om Jason en mezelf in leven te houden, terwijl ik hardnekkig doorging met het schrijven van korte gedichten, als je ze zo kon noemen: 'Paars mijn haar mijn ogen mijn mond. Mijn wangen verf ik blauw. Ik maak mezelf een blauwe plek voor jou.' En ik hield een aantekenboekje bij met graffiti, voor ideeën. 'Lik me, eet me, laat me ongedekte cheques uitschrijven. Lexington Avenue Line, Canal Street, 1979.' Misschien vond ik dat zinnetje zo goed omdat Nigel het geschreven had kunnen hebben. Hij was een bevlogen alcoholist die met geld smeet alsof het wc-papier was. Dus toen het geld van een schilderij dat hij had verkocht opraakte, moesten we de prachtige kathedraalachtige zolder waar hij in onderhuur zat opgeven, en ik nam een baan als computertypiste voor drie avonden per week.

Intussen zat de arme Jason op een school met alleen Chinese kinderen, waar hij uitblonk in leerprestaties maar totaal geen aansluiting had, behalve wanneer hij op weg naar school in het postkantoor wat eerstedagpostzegels kocht en die dan met winst doorverkocht aan de kinderen. Kort daarna, nadat we de zolder kwijt waren geraakt, verhuisden we naar een leegstaand gebouw van tweehonderd jaar oud, dat niet meer was dan een verlaten bouwval. We waren van plan het te renoveren, maar intussen sliepen we naast cementzakken en liepen op trappen van B2-blokken en wasten af met een waterslang boven een afvoerputje. Jason leerde twee jongens in onze nieuwe buurt kennen, Juno en Amos, wier ouders beeldhouwer waren en die een paar maanden in een caravan op straat hadden gewoond en een jaar in een greppel in New Mexico. Dus Jason had iets gemeen met zijn nieuwe vrienden. Ze begonnen schoenen te poetsen in kroegen voor zakgeld terwijl ik ernstig de weg kwijtraakte in dezelfde kroegen met Nigel, en mijn angst dat ik mannen gebruikte om af te glijden tot een realiteit maakte. Ten slotte verscheen er in de kroeg om de hoek een zigeunerin, die voor vijf dollar drie piramidevormige dobbelstenen gooide en zei dat ik met Nigel moest breken. 'En wie is de jongen?' vroeg ze. 'Die met het lichte haar en de lichte ogen? Hij huilt om je. Alleen. De man zal je levend verslinden. Verlaat hem en wijd je aan de jongen. Dat is je redding.'

Ik volgde haar advies op, richtte me op Jason en liet Nigel in de steek, hoewel ik niet bepaald makkelijk van hem af kwam, omdat, nadat we naar ons huidige appartement waren verhuisd, op de vijfde verdieping zonder lift, op een hoek van Avenue A in East Village, Nigel om de minuut belde, en het vervolgens presteerde om na middernacht op de hoek te staan posten en naar boven te roepen: 'Beverly, Beverly, ik hou van je, stomme trut.'

Uiteindelijk verdween hij als een nachtmerrie, en ik besloot mijn leven weer op de rails te krijgen. Ik wilde me ooit opgeven voor een postdoctorale cursus schrijven, maar op dat moment waren drie avonden typen per week nauwelijks genoeg voor de huur, en voegde ik naakt poseren toe aan mijn cv. Ik dacht dat het therapeutisch zou zijn, omdat ik zo'n moeite had me naakt te vertonen in het bijzijn van anderen, tenzij het om seks ging.

Jason was twaalf en keurde het af. Op een avond lopen we naar de bioscoop, en zomaar ineens vraagt hij: 'Wat is een callgirl?'

'Een dure hoer met wie je telefonisch afspreekt.'

'Dat ben jij.'

'Wat?'

'Mannen bellen je op en vragen je om je kleren uit te doen, of niet?'

Sinds Jasons puberteit was het alsof Jason de rol van mijn vader probeerde over te nemen. Hij wilde altijd weten waar ik heen ging, hoe laat ik thuiskwam, en vervolgens hoeveel geld ik had uitgegeven. Hij zei dat hij van plan was miljonair te worden en dat hij me dan een toelage zou geven, maar niet meer dan duizend dollar per maand, omdat ik het alleen maar over de balk zou smijten.

Sinds de jaren zestig had ik volgehouden dat seks gezond en goed was en niet verborgen moest worden gehouden voor kinderen, maar nu kreeg ik daar bedenkingen bij. Vooral nadat ik mijn pessarium te drogen had gelegd en Jason zei: 'Ma, zeg eens eerlijk. Vind je het niet walgelijk om dat ding in de keuken te leggen?' We hadden geen badkamer, alleen een wc in een kast. Het bad was in de keuken, evenals onze enige wastafel, dus waar moest ik anders na het wassen een pessarium te drogen leggen dan op de plank boven het aanrecht? Maar dat was de laatste keer dat ik dat deed. Ik maakte er een gewoonte van alleen in weekenden met mannen naar bed te gaan, als Jason naar mijn ouders ging, wat hij altijd deed – twee uur in de trein naar New Haven, waar hij door mijn vader en moeder werd opgehaald.

Een jaar – Jason was bijna vijftien – kwam hij thuis van zes weken kamp, en was hij vijftien centimeter groter. 'Ik kan het niet geloven,' zei Jason. 'Alles lijkt zo klein. Ik ben groter dan jij. Ik wed dat ik je kan optillen.' En dat deed hij.

De rollen werden omgedraaid. De balans was uit zijn evenwicht. Hij was groter dan ik. Hij werd de ouder en ik het kind.

Jason raakte bevriend met een eenentwintigjarige timmerman en ging naar de Poolse kroeg in de straat om pool te spelen. Ik was opgehouden met naakt poseren, had me ingeschreven voor de postdoctorale cursus en bracht de meeste tijd thuis door met schrijven en lezen als ik niet werkte. Ik liet seks voor wat het was; Jason kreeg vriendinnen. Een hele reeks. Op een avond, toen hij in de derde klas van de middelbare school zat, kwam ik thuis nadat ik bij een vriend had gegeten en zag een groen leren meisjesjasje op een stoel in de woonkamer. De deur van Jasons kamer was dicht. Ik ging slapen, en 's morgens was het jasje er nog. Ik ging weg om de krant te kopen en een cappuccino te drinken. Toen ik terugkwam, was het jasje weg en Jases deur was open. Hij lag op bed te lezen. 'Wie was hier gisteravond?' vroeg ik.

'Carol,' zei hij. 'Ze is oké. Ze gaat naar Bard en betaalt haar collegegeld door pornofilms te maken. Maar ze is er niet echt het type voor. Weet je wat ik bedoel?'

Christus, dacht ik bij mezelf, krijgt mijn zoon een fascinatie voor wilde vrouwen omdat zijn moeder zo was? Deze Carol was het tweede meisje dat was blijven slapen en ongeveer het vijfde meisje met wie Jason iets had. Was hij op weg naar een mislukt liefdesleven, net als ik? Zou hij vrouwen gebruiken om een vernietigingsrace van zijn leven te maken, zoals ik? Ik vond dat het hoog tijd werd voor een gesprek.

'Toen ik jong was,' begon ik, terwijl ik me een idioot en ongemakkelijk voelde in mijn nieuwe rol, alsof ik in een comedy speelde of zoiets, 'had ik een fascinatie voor foute mensen. Ik werd aangetrokken door de zelfkant van het leven. Ik kon niet wachten om alles mee te maken. Maar weet je, Jase, je bent maar één keer onschuldig, en als je dat kwijt bent, is het weg. Voorgoed. Dus ga niet zo snel, goed?'

'Ik ben niet zoals jij,' zei hij.

Ik hoefde daar niet lang over na te denken. Hij en ik waren als dag en nacht, te beginnen bij ons uiterlijk. Ik was net zo donker als hij licht was. Bovendien, Jason was op zichzelf. Hij had graag een vriend tegelijk, geen groep, zoals ik. Hij haalde allemaal hoge cijfers, werkte in een boekwinkel en vroeg me nooit om geld.

'Seks moet samengaan met liefde.' Ik veranderde van onderwerp om tot de kern te komen.

'Weet ik.'

'Hoe kun je dan met al die meisjes naar bed gaan?'

'Wie zegt dat ik seks met ze had?'

'Niet dan?'

'Ma, waarom ben je daar zo op gefixeerd?'

Was ik obsessief? Had ik een seksuele fixatie? Was ik een maniak waar het mijn zoon betrof, zoals mijn vader toen het om mij ging? Dit kon beslist een geval zijn van onbewust herhalen van wat je als kind hebt meegemaakt. Dit was niet het eerste gesprek van die strekking dat ik met Jason had gehad. Ik had hem op het hart gedrukt dat hij altijd condooms bij zich moest hebben en het niet aan de meisjes moest overlaten om voorbehoedsmiddelen te gebruiken, want meisjes hadden raadselachtige, onbewuste verlangens om zwanger te worden en konden niet worden vertrouwd. Ik zei dat geëmancipeerde mannen de verantwoordelijkheid altijd deelden. Nu ik het daar toch over had, dit was een goed moment om nog iets aan te roeren. 'Ik hoop dat je voorbehoedsmiddelen gebruikt.'

'Laten we erover ophouden, goed?'

'En als je een meisje zwanger maakt? Dat zou echt geweldig zijn.'

'Ik zou het niet erg vinden om een baby te hebben.'

'Wát? Probeer je me een zenuwinstorting te bezorgen? Ik dacht dat je ging studeren.'

'Ik zou kunnen studeren met een kind. Dat heb jij ook gedaan.'

Ik had de neiging om met beide handen hard aan mijn haar te trekken, maar hield me in. Het was tijd voor een gearticuleerde stem en verstandige woorden, want Jason probeerde kennelijk een rel te ontketenen. 'Weet je iets over de drang om in herhalingen te vervallen?' zei ik heel kalm en langzaam. 'Mensen herhalen generaties lang hetzelfde zonder er zich van bewust te zijn. Ik werd zwanger en moest trouwen. Mim werd zwanger. Oma werd zwanger. Drie generaties. Zorg dat het er geen vier worden.'

'Moest jouw oma trouwen? Wie heeft je dat verteld?'

'Mim. Lang geleden. Heb ik je dat niet verteld?'

'Ik weet het niet meer. Ik geloof van niet.'

'Ze werd zwanger van een Duitser met blauwe ogen die ervandoor ging toen het oorlog werd, dus Irene, haar moeder, zorgde ervoor dat de grote Matt Donofrio met haar trouwde. Hij was een Italiaanse immigrant, twintig jaar ouder dan zij en een jaloerse maniak. Hij had een pizzatent op de hoek en ook een taxibedrijf, maar de telefoon was bij hun thuis. Als hij hoorde dat er iemand had gebeld en oma niet had opgenomen, haastte hij zich naar huis, trok haar de veranda op en sloeg haar. Hij deed het openlijk, omdat hij dacht dat ze het met een buurman hield.'

'Sjonge,' zei Jason.

'Die oude Italianen waren gestoord. Grote Matt verkocht ook illegale drank, en meer dan eens werd hij ingerekend omdat hij had gevochten. Pap zei dat ze hem met drie agenten in bedwang moesten houden en dat de oudgedienden bij de politie tegen pap zeiden: "Die ouwe van je zou zich in zijn graf omdraaien als hij zijn zoon in uniform zag." Maar er is natuurlijk niet veel verschil tussen politie en criminelen. Nu ik erover denk, zijn dat ook drie generaties: Grote Matt, pap, en oom Mike.'

Ik vroeg me af of er een precedent in onze familie bestond van wedergeboren maagden zoals ik. Nu ik erover nadacht, waren er slechts twee andere vrouwen in mijn familie die gestudeerd hadden, allebei onderwijzeres, en ze hadden bepaald geen actief seksleven. De ene, mijn vaders zus, trouwde pas toen ze over de dertig was en had een neus die zenuwachtig trilde, alsof ze een konijn was of net een schok had gehad door een overdosis koolzuur; en de andere, een nicht van mijn vader, was nooit getrouwd. Ze was zo breed dat ze bij doopfeesten of bruiloften op twee tegen elkaar geschoven stoelen moest zitten. Nou, ik had nooit willen trouwen na Raymond, en ik vond dat ik genoeg seks had gehad voor een heel leven; in feite miste ik de seks op zich niet eens zo. Misschien miste ik liefde.

Toen ineens, uit het niets, besloot Olivia, de enige Italiaanse behalve ik tussen onze overwegend Porto Ricaanse buren, dat ze mijn vriendin wilde zijn en begon me haar levensverhaal in afleveringen te vertellen. Olivia was authentiek, een echte oude vrijster. Ze was in de zestig, klein en vierkant. Haar haar was blauwzwart geverfd, en op straat droeg ze een dramatische zwarte cape die tot haar enkels kwam en een rode Schotse baret. Ze had altijd twee boodschappentassen aan haar handen hangen, misschien voor het evenwicht. Het was de zomer voor Jasons laatste schooljaar, toen ik vijfendertig werd, dat Olivia de deur van haar appartement opende telkens als ik erlangs probeerde te schieten op de trap, en me binnenvroeg om te praten, wat inhield dat ze mij haar levensverhaal wilde vertellen.

Haar appartement was glimmend wit en rook naar gas. Ze had plastic klimop rond haar raam en plastic vogels aan de klimop vastgeniet. De laatste keer bood ze me niet eens oploskoffie aan voor ze begon te praten, bijna ademloos, alsof de lucht vastzat in haar borst, en ik wist dat we vanavond tot de kern van haar verhaal zouden komen.

'Mijn leven,' zei ze, 'is een totale mislukking. Zie je deze lelijke zwarte schoenen? Orthopedisch. Heb je nooit gezien hoe ik loop? Langzaam, als het tikken van een klok. De kinderen plaagden me als we naar school liepen. Ik kon ze nooit bijhouden. Ik ben nooit getrouwd vanwege mijn voeten. Ik spreek drie talen, maar ik heb nooit gereisd. Ik heb het geloof opgegeven omdat ik zo verbitterd ben.'

Ik dacht dat die bekentenis haar aan het huilen zou maken, maar blijkbaar had ze dat lang geleden opgegeven.

Die avond in bed werd ik wakker door de schreeuw van een vogel en hysterisch gefladder. Er vloog een mus in mijn woonkamer, tegen de muren en met zijn kop tegen het plafond. Ik kon het niet aanzien, laat staan dat ik de vogel probeerde te vangen. Ik riep Jason.

Hij dreef de vogel op de onderste plank van de boekenkast in het nauw; toen pakte hij hem op en hield hem in de holte van zijn handen. Hij bekeek hem even, streelde zijn kopje met een vinger en stak zijn hand uit het raam, waarop de vogel wegvloog.

Toen ik terug naar bed ging, kon ik niet slapen. Ik dacht steeds aan vogels die uitvliegen. Vliegen en in het nauw gedreven worden. Geloof dat verlamt en handen uit ramen. Toen dacht ik aan Olivia en hoe haar voeten haar leven hadden verwoest. Nee. Zij had haar leven verpest door wat ze over haar voeten geloofde.

De helft van mijn leven, sinds die dag dat ik zwanger werd, had ik gedacht dat ik belemmerd werd door de geboorte van Jason. Maar dat was maar één manier om het te bekijken. Een andere zienswijze was dat het kind mijn leven had verrijkt, en me er misschien voor had behoed nog verder in de problemen te raken. Met een kind om voor te zorgen, hoe chaotisch ook, moest ik in elk geval altijd met een been op de grond blijven. Dat was waarschijnlijk maar goed ook. Misschien had ik nooit de kans gekregen om te gaan studeren als ik geen bijstandsmoeder was geweest. Misschien zou ik me nu veel ouder voelen als ik geen kind had gehad, omdat ik, gedwongen snel volwassen te worden, veel langer rebelleerde en onvolwassen bleef, wat bijdroeg aan mijn bohémienachtige levensstijl (die volkomen uit de tijd was halverwege de jaren tachtig) en mijn geldgebrek (dito). Maar het had wel mijn kijk op het leven fris gehouden. Mijn vriendinnen waren het soort vrouwen die op hun vijfenveertigste besluiten een Harley Davidson aan te schaffen, en voor een deel was ik puur op vreugde gericht.

Jason ruïneerde mijn leven of verrijkte het. Mijn keus. Sommige dingen in het leven worden je aangereikt zonder dat je er controle over hebt, dus kun je er beter van leren dan je erdoor te grazen laten nemen, zoals Olivia, verbitterd en kwaad op het leven, alleen, in een spierwit appartement, met vogels tegen haar raam geniet.

’s Morgens, voor Jason wakker wordt, zit ik in de keuken met mijn ouders. Mijn vader eet Special K, mijn moeder en ik roggecrackers. ‘Je zult hem missen,’ zegt mijn moeder.

‘Ja,’ zeg ik, terwijl ik er niet over wil praten en tegelijkertijd dankbaar ben dat er iemand met me meevoelt.

‘Ik weet nog dat je broer in dienst ging. Ik huilde. Elke dag. En toen we geen contact met hem mochten hebben, toen hij op die geheime missie was, weet je nog? Ten slotte belde ik het Rode Kruis, en hij belde met een telefoon vol ruis vanaf een of ander schip. Ik dacht dat ik gek werd als ik niets van hem hoorde. Maar jij hoeft je tenminste geen zorgen te maken over Jason. Je weet dat wij er zijn als hij ooit iets nodig heeft. Ik ga waarschijnlijk zijn was doen. Je kent me.’

Ik vroeg me af – niet voor het eerst – of het feit dat ik zo graag had gewild dat Jason naar Wesleyan ging niet iets te maken had met het geruststellende gevoel dat mijn ouders niet ver uit de buurt waren. Ik vroeg me ook af of ik hem in zekere zin tijdelijk aan hen teruggaf terwijl hij nog steeds bijna een kind was, omdat we de zorg voor hem altijd hadden gedeeld.

'Jason kennende,' zegt mijn vader, 'zal hij zo vaak thuiskomen dat je er genoeg van krijgt.'

Ik wist werkelijk niet of ik blij of geïrriteerd zou zijn als hij steeds thuiskwam. Maar ik wist dat mijn vader probeerde de pijn te verzachten. We hebben nu een goede relatie. Toen hij bij de politie met pensioen ging, bekende hij dat hij al jaren een hekel had aan zijn baan. Nu hij niet meer werkt, bouwt hij dingen: een schuur in de achtertuin, een extra keuken in de kelder; bovendien haakt hij sjaals in vloekende kleuren. Hij heeft moeite met aanwijzingen in boeken; daarom leer ik hem nieuwe steken als ik op bezoek kom. En we praten over dingen. Ik besef nu dat hij bepaalde periodes in het verleden zo zwijgzaam was niet omdat hij kwaad op me was of kritiek had op mijn gedrag, maar omdat hij moeite had met de gang van zaken op zijn afdeling of dat een of andere crimineel die hij had gearresteerd net vrijuit was gegaan, of met zijn leven in het algemeen.

Onze relatie begon echter al te veranderen voor hij met pensioen ging. Het was de Kerstmis nadat ik dertig was geworden, dezelfde maand dat John Lennon stierf, wat ik destijds beschouwde als het einde van de jeugd en het verlies van de onschuld. Nu ik een bonafide volwassene was, hing de verplichting om de feestdagen bij mijn familie te vieren me mijlenver de keel uit; daarom besloot ik er deze keer een kort bezoek van te maken. Ik zou op kerstavond aankomen en de volgende dag op tijd vertrekken – negen uur 's morgens – om terug te gaan naar de stad en de kerst met een vriend door te brengen. Mijn moeder protesteerde. Ik hield voet bij stuk. Mijn hele familie was kwaad omdat we voor het eerst in de geschiedenis onze pakjes op kerstavond zouden openmaken, om mij ter wille te zijn.

Mijn moeder maakte me op kerstochtend om halfacht wakker. Ik zat met haar en mijn vader in de keuken en smeerde wat roomkaas op een snee dadel-notenbrood. Mijn moeder schonk een kop koffie voor me in en zei: 'Je hebt een hart van goud.' Ik was eraan gewend te horen dat ik het hoog in mijn bol had. Dit hart van goud was nieuw voor me en ik was meteen op mijn hoede. Maar ze zei het omdat ik de vorige avond een van mijn cadeaus aan Rose had gegeven. Ik had het haar gegeven omdat ik het zelf niet wilde.

'Nietwaar,' zei ik.

'Je zou iemand nog het hemd van je lijf geven,' hield ze vol.

'Nee hoor,' hield ik voet bij stuk.

'Dan ben je veranderd,' zei ze. Ik had kunnen zeggen: nietwaar, maar besloot het erbij te laten.

Mijn vader stond op en trok zijn schoenen aan. Ik zei dat ik niet naar het station gebracht hoefde te worden. Ik liep liever.

'Weet je het zeker? Het is koud buiten,' zei hij.

'Ik weet het zeker,' zei ik, omdat ik me erop verheugde alleen te zijn. Ik kuste Jase op zijn voorhoofd zonder hem wakker te maken, en toen vertrok ik. Bij het station ging ik op de bank zitten en rookte een halve joint die ik in mijn jaszak had gevonden. Er raasde een trein voorbij in de verkeerde richting. Toen bleef het stil. Het was ijskoud en ik begon me ongerust te maken. Ik ging op mijn handen zitten en wiebelde heen en weer. Ik draaide rondjes met mijn voeten om de bloedcirculatie op gang te houden. Ik keek op. Mijn vader kwam naar me toe lopen.

Het eerste dat ik dacht was: gelukkig dat ik die joint op heb, en het volgende: waarom bespioneert hij me?

'Ik dacht: ik zal eens kijken of je al veilig onderweg bent,' zei hij toen hij dichterbij was.

Ik wist dat dat waar was. Hij had me niet bespioneerd, hij was gewoon bezorgd. Hij was een vader die om zijn dochter gaf. Dat was de andere kant van het verhaal. Het verhaal van
 de man die zich zorgen maakte om de tienerdochter die hij

zojuist op de achterbank van een voorbijrijdend voertuig vol dronken pubers ineen had zien duiken. Zo eenvoudig. Maar voor mij was het een openbaring. Misschien hield hij uiteindelijk toch van me.

Hij haalde een spoorboekje uit zijn jasje. De eerstvolgende trein kwam pas over twee uur. Hij bood aan me naar New Haven te brengen. We zouden precies genoeg tijd hebben om de volgende trein te halen. Onderweg naar het station wilde ik praten. Om hem op de een of andere manier te laten weten hoe ik me voelde. Maar we hadden sinds ik vier was nooit meer met elkaar gepraat. Hoe kon ik nu beginnen, met Kerstmis, tijdens een rit van twintig minuten? Hij zette de radio aan. 'Stille Nacht.' Ik zong mee. Hij zong de tweede stem.

Als Jason en ik afscheid nemen van mijn ouders staan er tranen in mijn moeders ogen, en ik weet dat het om mij is, want in het weekend zal mijn vader met haar naar Jasons studentenflat rijden. Ze zal hem bananenbrood in aluminiumfolie geven, zeggen wat een rommel het in zijn kamer is en zijn vuile was oprapen om mee naar huis te nemen.

In de auto naar Wesleyan zei ik: 'Wat herinner je je het best van hier wonen?'

'De kinderen,' zei hij. 'Ze hebben me geleerd om op een fiets met twee wielen te rijden, weet je nog?'

'Ja. Ben je nu zenuwachtig? Bang dat het niet meer hetzelfde zal zijn?'

'Ja. Soms denk ik dat ik in New York had moeten blijven. Naar Columbia had moeten gaan.'

'Nee.' Ik zeg het met nadruk, omdat hij dan nog vier jaar in ons appartement zou wonen terwijl het tijd was om uit huis te gaan. Tijd om volwassen te worden. Voor ons allebei. 'Het zal je goed doen om de stad uit te zijn. De seizoenen te ruiken. In een andere wereld te leven zonder metro's en kroegen en uitlaatgassen.'

'Maar mensen in Connecticut zijn stom.'

'Hè?'

'Ja.'

'Wil je beweren dat wij als we nooit naar New York waren verhuisd en in Connecticut waren gebleven, stom zouden zijn?'

'Ja.'

'O, god. Ik had nooit kunnen dromen dat ik nog eens een snob als zoon zou hebben. Mensen in New York zijn misschien sarcastischer en sneller, maar dat maakt ze niet slimmer. Hou jezelf niet voor de gek.' Ik keek naar hem. Zwarte spijkerbroek, zwart T-shirt, gympen, zonnebril. Ik vroeg me af of hij eruitzag als een echte New Yorker. Ik vroeg me af hoe hij het daar zou redden. Als hij verwachtte dat het was zoals hij zich herinnerde en merkte dat het anders was, wat het ongetwijfeld was, zou hij dan diep teleurgesteld zijn? Misschien was het fout geweest om te proberen terug te keren naar Utopia, maar we hadden het ons nooit afgevraagd, nog geen seconde. Ik had hem op de dag dat we naar New York vertrokken en hij in Wesleyan wilde blijven beloofd dat hij daar zelf kon studeren, als hij zorgde dat hij allemaal hoge cijfers haalde op de middelbare school. Dus haalde hij een gemiddelde van tweeënnegentig-punt-zoveel en kwam in het herfstsemester van de eindexamenklas in paniek naar huis rennen. 'Ma!' riep hij. 'Het laagste gemiddelde dat Wesleyan vorig jaar van Stuyvesant heeft geaccepteerd was vierennegentig. Ze geven me nooit een beurs!'

Door dat nieuws raakte ik ook in paniek. Ik had net het jaar daarvoor de postdoctorale opleiding beëindigd. Ik had – voornamelijk aan mijn keukentafel – drukproeven gecorrigeerd en kopij persklaar gemaakt. We hadden geen geld, zoals gewoonlijk. De enige universiteiten die hij zich kon 'veroorloven' waren buitengewoon dure universiteiten, zoals Wesleyan, omdat die veel beurzen konden geven. Als hij naar een openbare universiteit moest, wist ik niet hoe we het moesten klaarspelen. Maar ik bleef kalm. Ik zei: 'In dat geval moeten we een alternatief zoeken. Dan doe je een gedeelte op de openbare universiteit, Cornell, plus een andere dure universiteit, Yale of Amherst of zoiets.'

'Maar je hebt beloofd dat ik naar Wesleyan kon. Als ik niet word toegelaten, ga ik bij de luchtmacht.'

'Wát zeg je?'

'Dat kost niets. Bovendien krijg ik dan een uniform. Ik zou in een gevechtstoestel vliegen. Ik zou een geweer hebben.'

Nu wist ik wat mijn moeder had bedoeld toen ze zei dat ik mijn vader kapotmaakte. Het was alsof er drie kogels recht op mijn hart waren afgevuurd. Dus zo groeien kinderen van hippies op: als toekomstige viersterrengeneraals. De volgende dag was ik aan het persklaar maken bij een tijdschrift en moest ik naar de wc rennen voor een flinke huilbui, toen ik bedacht dat het misschien nog een overblijfsel was van GI-Joe. Misschien had die luchtmachtonzin allemaal te maken met zijn vader, die per slot van rekening bij de 101-luchtmachtbrigade had gezeten.

Toen Jason elf was begon hij vragen te stellen. 'Hoe ziet mijn vader eruit? Waar denk je dat hij woont? Denk je dat we hem zouden kunnen vinden als we wilden?' Toen dacht ik dat Jason misschien zijn vader nodig had omdat hij de puberteit naderde. Ik stelde voor dat hij het ging uitzoeken. Hij belde het enige telefoonnummer dat ik had, van zijn overgrootmoeder, in Bangor, Maine. Ze gaf ons het nummer van zijn grootmoeder, die weigerde Jase het nummer van zijn vader te geven, waarschijnlijk omdat ze bang was dat ik met terugwerkende kracht alimentatie voor mij en het kind zou eisen. Maar ze zei dat ze Raymond ons nummer zou geven. Raymond belde diezelfde middag. Jason sprak even met zijn vader en zei: 'Goed. Zesde klas. Oké. New York. Goed.' Toen gaf hij de telefoon aan mij.

Ik zou die stem overal herkennen.

'Ik hoor dat je hebt gestudeerd. Mooi zo. Je was gewoon slim. Ik ben weer getrouwd. Daar bakte ik ook niks van. Haar ontmoette ik na Vietnam. We kregen twee meisjes. Toen ben ik 'm gesmeerd. Geen contact meer. Je kent het wel: "Eens een mislukkeling..." Ik heb een baan. Vrachtwagens laden. Niks nieuws. Ik woon samen. Zij heeft een baby. Het is niet slecht.

En, hoe gaat het met Jason? Doet-ie het goed?'

'Ja,' zei ik, zonder erop in te gaan, omdat ik niets liever wilde dan zo snel mogelijk ophangen.

'Denk je dat Jason misschien een keer op bezoek wil komen? We wonen bij Greenwood Lake. Het is maar twee uur met de bus. Er gaat er een vanaf de Port Authority.'

Het volgend weekend bracht ik Jason naar de bus. Toen we in de rij stonden zei hij: 'Hoe weet ik wie hij is?'

Ik had hem een foto laten zien. 'Je hebt gezien hoe hij eruitziet.'

'En als hij er nu niet meer zo uitziet?'

'Maak je geen zorgen. Jullie herkennen elkaar wel. Dat weet ik gewoon.'

Toen hij thuiskwam, bracht hij een zak koekjes met chocoladesnippers mee die Raymonds vriendin had gebakken. Hij zei niet veel, behalve dat zijn vader bij een vrouw woonde die aardig was en een dochter had die Juice heette omdat ze van sap hield. Hij zei dat zijn vader een beetje dik was en dat ze naar de kroeg waren geweest, waar Jason was gaan flipperen en Raymond tv keek.

Zijn vader had hem twintig dollar gegeven en de belofte dat ze contact zouden houden.

Een jaar later zei Jason: 'Hoeveel is een wezenuitkering?'

'Hoe bedoel je?'

'Als mijn vader dood was en ik een wezenuitkering kreeg, hoeveel zou dat zijn?'

'Dat weet ik niet. Misschien tweehonderd per maand.'

'Hoe zouden we weten dat hij dood was? We zouden het moeten uitzoeken. Dan zou ik geld krijgen.'

'Jason,' zei ik, 'wat zou je liever hebben: een verjaardagskaart of een wezenuitkering?'

'Een verjaardagskaart,' zei hij, zijn blik afwendend om uit het raam te kijken.

Ik snoot mijn neus in de wc op mijn werk. Ik stiftte mijn lippen opnieuw en ging terug naar mijn bureau om gebruik te maken van de WATS-lijn. Ik belde de luchtmachtschool en vroeg om een aanmeldingsformulier. Ik stelde een aantal vragen, belde vervolgens Jason en gebruikte net als vroeger de psychologie van de omkering. Ik zei: 'Ze sturen een brochure. Ze zeiden dat je aanbevolen moet worden door een senator van deze staat. Wist je dat je een zware training krijgt, net als bij de opleiding voor mariniers? Misschien is het wel goed voor je...'

'Ma, ik zei het alleen zomaar. Zorg alsjeblieft dat ik op Wesleyan kom.'

'Moet ik zorgen dat je daar komt?'

'Je hebt het beloofd. Je zei dat ik erheen kon als ik alleen hoge cijfers haalde.'

Wat er achter zijn woorden schuilging was dat hij zijn deel had gedaan door goede cijfers te halen en dat ik, als zijn ouder, nu aan de beurt was om hem op de universiteit te krijgen. Was ik niet woedend op mijn ouders geweest omdat ze het zich niet konden veroorloven me te laten studeren? Was dit niet opnieuw een herhalingspatroon van generatie op generatie? Hij had gelijk. Het was voor een deel mijn verantwoordelijkheid om mijn kind te laten studeren, maar toch had ik er de pest over in. Ik had net zelf gestudeerd, en daarna een postdoctorale opleiding gevolgd, zonder enige hulp van mijn ouders. En dat mijn kind nu dreigde met 'zorg maar' en 'het leger in gaan' was me te veel.

'Zorg zelf dat je wordt aangenomen. Het is jouw leven, niet het mijne. Je gedraagt je erg onvolwassen.'

'Jij bent onvolwassen.'

'Let op je woorden.'

Hij hing op.

We konden elkaar een paar dagen niet luchten of zien en deden ten slotte weer alsof er niets was gebeurd, wat een van onze patronen was.

Ik wist dat een goedgeschreven essay wonderen zou doen. De opdracht was: Beschrijf de persoon die de meeste invloed in je leven heeft gehad.

Jason vond dat hij over mij moest schrijven. Toen kwam ik met een briljant idee. 'Stel,' zei ik, 'dat je schrijft over de afwezigheid van je vader.'

'Ja,' zei hij, met een nauwelijks merkbaar knikje. 'Dat zouden ze op prijs stellen. Maar het is wel moeilijker.'

'Dat maakt het juist zo boeiend.'

Jasons heeft een eenpersoons-studentenflat. Hij heeft een bed, een bureau en een kast. Hij heeft ook een balkon waarop we meteen gaan staan. 'Ruik eens,' zeg ik, op de lucht doelend.

'Lekker,' zegt hij.

'Kijk eens wat een uitzicht.' Het is een heuvel met dennenbomen.

'Mm-mm,' zegt Jase.

'Nou, vind je het niet geweldig?'

'Ja.'

Ik wil dat hij enthousiaster is. Ik wil dat hij het makkelijk voor me maakt om hem hier achter te laten. Als we beginnen uit te pakken, opent hij zijn koffer en ik zie dat hij alles erin heeft gepropt zonder het op te vouwen. Bovenop ligt een trui die onder het stof en kattenhaar zit. Ik zeg dat hij hem over het balkon moet uitschudden en voel me schuldig omdat ik hem niet heb helpen inpakken, zoals een normale moeder. Vervolgens wil hij zijn overhemden in een la leggen.

'Jase,' zeg ik tegen hem. 'Overhemden hang je in een kast.' De laatste keer dat hij een kast had was toen we in Wesleyan woonden. Hoe zou hij hier ooit thuis raken? Aan de overkant van de gang zie ik een jongen uitpakken met zijn ouders en zus. Hij installeert een uitgebreide stereoset. Een computer op zijn bureau. Een wandkleed aan de muur. Jason heeft een wekkerradio en een draagbare typemachine. Zijn onder- en bovenlakens passen niet bij elkaar.

'Jase,' zeg ik, 'kijk eens naar de kamer van die jongen.'

'Mooi,' zegt hij.

'Denk je dat je je te kort gedaan zult voelen?'

'Hoe bedoel je?'

'Er zijn vast veel rijke studenten. De meesten zullen meer hebben dan jij. Denk je dat je daar kwaad of jaloers om zult worden?'

'Die dingen kunnen me niet schelen, en jou ook niet.'

Ik had het niet alleen over de materiële kant. Ik had het ook over de vader en zus behalve de moeder. Dat zei ik niet.

Als zijn kamer klaar is, rijden we naar de parkeerplaats bij het hockeyveld, waar hij verwacht wordt met nog tweehonderd andere aankomende studenten om te gaan kamperen bij wijze van kennismaking. Onze twee oude huizen aan de overkant van de weg zien er nog precies hetzelfde uit. Het hockeyveld is ook niet veranderd, behalve dat het er nu wemelt van ouders en studenten met koekjes en frisdrank.

Als Jase en ik wat koekjes pakken zegt hij tot mijn stomme verbazing: 'Ik vraag me af of ze denken dat je mijn vriendin bent. Jij ziet er jong uit voor je leeftijd en ik zie er ouder uit dan ik ben.'

Datzelfde had ik me al talloze keren afgevraagd. De afgelopen paar jaar, als we samen ergens liepen of uit eten gingen, keken de mensen naar hem en dan naar mij, alsof ik een vrouw met een jonge man was, niet een moeder met haar zoon. Maar ik had geen idee dat hij zich daar ook van bewust was.

'Vind je dat vervelend?' vroeg ik.

'Nee. Ik vind het wel leuk.'

Als hij dat zegt moet ik toegeven dat ik dat ook vind.

We nemen onze koekjes en frisdrank mee en in plaats van te circuleren, wat de bedoeling is, zitten we op een heuvel met onze armen tegen elkaar en kijken. De afgelopen zomer waren Jase en ik vele avonden in de Poolse kroeg; daar zaten we op onze krukken cola of bier te drinken, en keken. Op een avond kwam er tot mijn verrassing een man met wie ik af en toe uitging binnen. Toen ik hem aan Jason voorstelde, stond Jase op, schudde zijn hand en bood hem zijn kruk aan. Toen mijn vriend naar de wc ging, zei Jase: 'Dat is een aardige man, ma. Ik mag hem. Als hij terugkomt blijf ik nog even en dan ga ik, zodat jullie alleen kunnen zijn.'

'Dat hoeft niet.'

'Ik vind het niet erg.'

Jason was ridderlijk. Hij gedroeg zich als een vriend en hij gaf me toestemming een man te hebben. Het maakte me heel gelukkig en tegelijkertijd wilde ik hem omhelzen en bij me houden. Onze dagen als stel naderden hun einde.

Eerstejaars begonnen rijen te vormen bij de bussen. 'Misschien is het tijd dat ik ga?' vraag ik.

'Ja,' zegt hij.

Als we bij de auto zijn, opent hij het portier voor me. Ik omhels hem voor wat een eeuwigheid lijkt, maar waarschijnlijk maar even duurt. Ik zeg: 'Ik hou van je.'

'Ik ook van jou,' zegt hij. Zijn oog trekt een beetje en ik hoop met heel mijn hart dat hij niet gaat huilen.

Ik weersta de drang om in de achteruitkijkspiegel een blik van hem op te vangen. Als ik bij het eerste stoplicht ben, huil ik zo dat ik aan de kant van de weg moet gaan staan. Ik bedenk dat ik me nog nooit in mijn leven zo alleen heb gevoeld. Ik neem een bocht die me in de richting van Wallingford brengt, en als ik het oude reservoir dichterbij zie komen voel ik me veel kalmer. Ik besluit de avond bij mijn ouders door te brengen, maar als ik bij de oprit naar de snelweg kom, ben ik van gedachten veranderd. Ik sla af naar het zuiden en ga naar huis.